人生いろいろ

ふくしま人生散歩

編者 武田悦江

歴史春秋社

ふくしま人生散歩

人生いろいろ

目次

※年齢はインタビュー時のものです。
※インタビュー時の記述は、話し言葉主体です。内容も事実と照合している箇所もありますが、基本的に話された方のお話しを遵守しています。ご了承下さい。

はじめに

高齢化社会といわれるようになって久しい現代の日本ですが、総務省統計局が平成二十八年（二〇一六年）九月に発表した「統計からみた我が国の高齢者（六五歳以上）」によれば、六五歳以上の高齢者人口は三、四六一万人で、総人口の二七・三％にあたります。この割合は過去最高であり、総人口に占める高齢者の割合は年々増えています。一方、福島県では平成二十七年八月一日現在、六五歳以上の人口は五四四、三四一人で、その割合は県の人口に対して二八・四％と、全国と変わらない状況です。

では福島県に住む高齢者世代の人たちは、どんな人生を歩み、次世代に何を伝えたいと考えているのでしょうか。人生の転機や生き方などを知りたいと、今回、県内に住む方たちを訪ね歩きました。お話を伺ったのは一一名＋一グループですが、語る言葉の裏に同世代を生きた多くの方の人生が見え隠れしていました。また福島県は全国で三番目に広い県です。ご希望によりすべて書き言葉にしたものもありますが、地域性を感じる語り言葉を味わってください。登場したかたがたが生まれ育った時代によって変わる人生観を、この本を手に取るみなさんの生き方と重ねながら読んでいただけたら幸いです。

大越町のアイドルたちが元気に踊る

《メンバー紹介》（敬称略）
前列左から：渡辺和子、佐久間チイ子、
根本幸子、武田文江、塚原ヨシ子
２列目左から：渡辺光子、渡部登貴子、
矢野トモ子、三本木キク子、塚原君恵、
塚原悦子、渡部フヨノ、富塚康子
後列左から：宗像キミ江、実沢愛子、
佐藤和子、山口敏子
ほかに遠藤利子、猪狩ツヤ子、佐藤朝子、
秋元貴子、菅野輝夫の24名

AKB84のメンバー

◆1934年～ 1950年生
◆平均年令75歳
◆田村市大越町

地方都市町村老人クラブ連合会会長・事務局長合同会議で活動報告をする渡部さん（左）と菅野さん（右）

町のイベントで親衛隊長カブトンと一緒に踊るメンバー

明るい長寿社会を求めて

老人クラブという組織がある。おおむね六〇歳以上の希望者を対象とする全国的な組織で、昭和三十八年（一九六三年）八月に施行された「老人福祉法」において、老人福祉を増進するための事業を行う団体として位置付けられている。老人クラブという仲間作りを通して生きがいや健康促進を促し、生活を豊かにする楽しい活動を行うと共に、長年培ってきた知識や経験を生かして地域の諸団体と共同し、地域を豊かにする社会活動に取り組み、明るい長寿社会づくり、保健福祉の向上に努めることを目的としている。

老人クラブは、クラブをとりまとめている全国老人クラブ連合会のもと、現在六三の都道府県・政令指定都市の連合会が加盟。福島県には平成二十七年（二〇一六年）三月末現在、一、八六六の老人クラブがあり、九八、〇四四人の会員が活動、福島県老人クラブ連合会がとりまとめている。また平成二十六年（二〇一五年）の介護保険制度の見直しにより、クラブの活動が地域に密着した活動を続けている組織として、介護予防や生活支援サービスに直結した取り組みにつながることも期待されている。

そのような背景の中、福島県田村市で活動している大越老人クラブ連合会会員の女性グループで結成されたダンスチームが話題をよんでいる。

老人クラブ連合会合同会議の舞台でダンスを披露

平成二十八年（二〇一六年）二月、郡山市内、磐梯熱海温泉にある宿泊施設で、地方都市町村老人クラブ連合会会長・事務局長合同会議が開催された。活動発表の一つとして田村市大越町老人クラブ連合会「ミュージック・カルチャー部ＡＫＢ84」のメンバーが「恋するフォーチュンクッキー」のダンスを披露。満席の会場内からは拍手と共に、ダンスの写真を撮ろうとカメラを手に舞台のそばに歩み寄る人も多数いた。

大越町は田村市のほぼ中央に位置し、地域人口は四、七八六人だ。うち、六五歳以上が一、五五八人の中で、老人クラブに加入しているのは一、二七二人と八一％の加入率である。連合会全体の課題でもあるが、近年老人クラブの加入者が減っている。ことに六〇歳代の女性の加入率が低い傾向にある。入会を誘っても「まだまだ若いから入らない」という理由で断られることが多いという。たしかに現代の六〇歳代はまだ若い。現役で働き続けている人もたくさんいる。それならば今まで取り組んできたことに新しいことを加え、より魅力的な老人クラブにしていったらどうだろうか。「たとえばカラオケや将棋、ゴルフなどがあってもいいよね」という話が以前から話題にのぼっていた。

大越町老人クラブでは年に一回、福島県老人クラブ連合会の女性部研修があり、一泊二日の日程に女性部の役員が参加している。毎年変わるテーマにそってグループワークも行っている。平成二十六年度の研修は「リズムにのって身体を動かすことは、脳の活性化につながるので大切である」というテーマだった。「せっかく受けた貴重な研修を、地元に戻っても活かしたい」と、みなで話し合う中で話題にのぼったのが、人気絶頂のアイドルグループＡＫＢ48だった。

人気アイドルグループの踊りを脳・活性化の鍵にする！

若者に人気のアイドルグループＡＫＢ48が歌って踊る「恋するフォーチュンクッキー」は、平成二十五年（二〇一三年）八月に発売された。アップテンポの軽快な曲に合わせ、約四、〇〇〇人のエキストラと共に踊りながら歌うミュージックビデオを見ていると、思わず一緒に踊り出したくなってくる。わかりやすい振り付けの効果もあってか「恋するフォーチュンクッキー」の歌に合わせて踊るグループの動画がユーチューブに次々とアップされていった。その中には、以前研修で訪れた茨城県大子町の動画もあった。動画には町の公共施設の職員から小中学生、保育園児、商工会や宿泊施設、特別養護老人ホームの職員や利用者など、幼児から高齢者まで幅広い年代層の町民が、みな楽しそうに踊っていた。最初にＡＫＢ48の動画を見たときには「楽しそうだけれど、自分たちにはムリ」と言っていた女性部のメンバーが、大子町の動画を見たら「私たちにもできるかもしれない」と思いはじめた。

老人クラブの組織運営には、地元の社会福祉協議会が事務局として関わっている。したがって大越町老人クラブ連合会の活動は、大越町社会福祉協議会（以降、社協）の職員が手伝っている。「恋するフォーチュンクッキー」の振り付けを覚えるために女性部のメンバーは、社協のデイサービスセンターの片隅を借りて、夕方の一時間毎日練習した。練習には、一日の業務を終えた社協職員がつきあう。振り付けを覚えやすいように、職員の一人が動作の一つ一つを身近なことばに置き換えた表を作った。たとえば手のひらを合わせて膨らませる仕草を「おにぎり」としたり、杖をつく動作にたとえたり、回るシーンは「ぐ～る　ぐ～る」と表すなどの工夫をした。動作の解説を聞きながら、一つ一つ覚えていく女性部員の表情は、真剣なあまり無表情になりがちだった。そこで歌うことで表情を動かそうと「できれば歌いながら踊りましょう」と、振り付けに歌詞も付け加えた。

「明るく、かわいい、ばっばちゃん」名付けてＡＫＢ84

「チーム名はどうしようか」ＡＫＢ48そのままではおもしろくない。平均年令七五歳、二四人の女性たちがＡＫＢの曲を踊るのだ。しかもおそろいのスカートにハイソックスという装いだ。明るく（＝Ａ）、可愛い（＝Ｋ）、ばっぱちゃん（＝Ｂ）でＡＫＢ。田村地方の言葉で「おばあちゃん」という意味のばっぱちゃんに、結成された平成二十六年（二〇一四年）に世界保健機関（ＷＨＯ）が発表した日本人の平均寿命八四歳をくっつけた。名付けて「ＡＫＢ84」。衣装も洋裁が得意なメンバーの手作りだ。白いブラウスに赤いリボン、紺色のソックスをはき、手首にシュシュをつけた。十月十六日に予定している田村市老人クラブ連合会芸能発表会で演じることを目標に、九月初旬から練習を開始。九月十五日に大越町敬老会で踊った時は、思いがけないダンス集団の登場に観客がざわめいた。目標にしていた田村市老人クラブ連合会芸能発表会で踊ったビデオをNHKマイビデオに投稿したところ、平成二十六年（二〇一四年）の暮れに「町民的アイドルで賞」に輝いた。受賞したことでメンバーに自信がついた。

出演依頼殺到！ ばっばちゃんたちが周りを元気に

「楽しくダンスを踊ることで健康づくりに役立てよう」という目的で始まったAKB84の活動は、唯一の男性会員、菅野輝夫さんをプロデューサー役に、メンバーの中で最年長の渡部登貴子さんがグループ総監督になるなど、本格的になってきた。田村市PRキャラクターのカブトンを親衛隊長に迎えると、町のイベントや行事などへの出演依頼が次々と舞い込んできた。翌年は地元テレビ局の番組に登場し、大きな話題をよぶ。田村市警察署の交通安全出動式で演じたり、小野町商工会桜祭りで演じたりするなど、福祉施設などへの慰問を中心に市外の町村にも出かけるようになった。

周囲の反響だけではない。ダンスを通して家族との会話が増えた。「おばあちゃんAKBを知っているんだ」と孫に驚かれたという。若々しく踊る祖母の姿に「おばあちゃんすごいね」「かっこいいね」と目を見張る孫たち。共通の会話が増えたことを喜びながら「イベントに呼ばれることに張り合いを感じている」という感想も聞かれた。

AKB48という、人気アイドルグループの踊りを活動に取り入れるということで、今までの老人クラブの活動に新風を吹き込んだ「大越町老人クラブ連合会」。ばっぱちゃんたちの踊りは、若い世代にも元気と共感をよんだ。しかし課題はまだある。踊りのレパートリーを広げること。さらにはダンス以外の活動も作っていきたい。元気に年令を重ねていくと同時に、その姿を地域の若い人たちに見ていただけたらという気持ちがある。ＡＫＢ84、明るくかわいい、ばっぱちゃんたちはこれからもダンスを通して、地域を明るく元気にしていく。

平成二十八年二月四日インタビュー

山に生き田畑に生きた

自宅玄関前にて

鈴木《すずき》　義一《よしかず》 さん

◆昭和21年（1946年） 1月6日生
◆70歳
◆石井村（現・矢祭町）出身
◆矢祭町在住

平成21年妻たつ子さんと。皇居での新嘗祭献穀献納式にて

平成21年妻たつ子さんと。皇居での新嘗祭献穀献納式にて

専業農家として歩む

矢祭町は西に八溝山系、東に阿武隈山系をのぞみ、町の中央に久慈川が流れる、福島県最南端の町である。江戸時代初期に棚倉藩の支配を受け、水田の開発とコンニャク生産、スギの植林が盛んになった。その後、幕府の直轄領となる。昭和三十年（一九五五年）に豊里村、高城村南部が合併し矢祭村が誕生。昭和三十二年（一九五七年）に、塙町に合併した石井村の大部分が分町し、矢祭村に編入され、昭和三十八年（一九六三年）町制を施行し矢祭町となった。

平成の大合併の波が押し寄せる中、町は平成十三年（二〇〇一年）十月「市町村合併しない矢祭町宣言」を全国に先駆けて行った。町議会の宣言文の一部に下記のような記述がある。

4．矢祭町における「昭和の大合併」騒動は、血の雨が降り、お互いが離反し、40年過ぎた今日でも、その痼は解決しておらず、二度とその轍を踏んではならない。

鈴木義一さんは昭和二十一年（一九四六年）、石井村（現・矢祭町）で農業を営む三代目として生まれた。四人兄弟の二番目の長男として、いずれは農業を継ぐと思いながら家の手伝いをしていたという。現在は妻、長男夫婦、孫三人の七人家族。義一さんのあとを継ぎ農業を営む長男と一緒に、専業農家として生計を立てている。また周辺農家の高齢化に伴い、耕作も請け負うようになり、十五年前は一町歩（一ヘクタール）くらいだった耕作面積が、現在は二五町歩くらいに増えている。矢祭町の専業農家の中でも規模が大きいほうだ。

終戦直後の何もない時代に生まれて

父は兵隊に行きましたけど、日本に帰ってきた時がたまたま終戦だったんだね。何回かは支那（現・中華人民共和国）に行ったりと、結構戦争に行ったりしていました。たまたま内地にいたときに終戦になって。だから私も昭和二十一年（一九四六年）の一月に生まれた。物心ついたのは戦後三年過ぎたくらいだったね。何もない時代に育ったんだね。物のない時代に生活して、履物がはけたのは五歳くらいになってからだよね。冬は雪の中、素足に下駄履いてあるって。その痛さまで感じられたことがあったね。夏は素足で草履とかね。

通っていた石井小学校は一学年二クラスです。学校全体で六〇〇人。その頃は多かったたです。そこに中学校もあったんですね。みんなで助け合って生きたような時代だったたですね。みんな同じくらいの環境で仲が良かった。助け合いの精神があったね。勉強はするような状況じゃなかったね。学校でやるだけで。スポーツ系は好きだったのかな。学校が終わってから野球をやりました。バットは棒を削って作って、ボールは糸を巻いて、みんな自分らで作って、田んぼで野球やったり、山あいでやったり。中学生までは野球をやったな。

東白川農商高校に進学
家から約二〇キロの距離を電車で通う

高校は農業の勉強。普通科目も少しはあったけど、ほとんど実習とか農業だけでした。学校から帰れば家の仕事。その頃は、とにかく家のことが主体で勉強なんてどうでもいいような。昔はどこの子どもも、うちの手伝いは自分からやるもんだと思ってやってましたよ。特に長男は働かなくちゃならなかった。みんなうちが大変なの、わかってるからね。

当時の矢祭町の主な農業は、コンニャクだった

コンニャクは大きくなるまで三年くらいかかるんですね。で、大きい芋のほうが高いんですよ。三年間のうちに子芋ができるんだわね。そして子芋は三年から四年かかって大きくなるの。寒くならないうちに掘りあげて保管するわけです。それを手で掘ったから手間がかかるの。手が足りないから私が学校から帰れば必ず手伝ったね。

芋の保管の仕方もあるのね。周りを土壁にして、下に火を置くんですよ。毎日火をなくさないようにおいておいて、なくなる前にまた火を入れて炭にして。あまり温度を高くしないで、温度が平均になるようにして。毎日、その繰り返し。火室《ひむろ》っていったの。十一月から三月くらいまで、一日一回、夕方やるの。昔はどこでもやってたんですね。今はリフトで芋を運んだりできるように、平屋で暖房

機を置いて風をよわしてやってます。でももう、矢祭町ではコンニャク農家はなくなっちゃったんです。

コンニャクからイチゴへ

イチゴは農協に出荷しているんですが、栽培農家は少ない人も入れると今一三～一五軒くらいですかね。当時は暖房なんか入ってなかったから、ハウスの中にビニールを三重、四重にして、朝晩ビニールをかけたりしたの。それからだんだん暖房機が入ってきて、簡単にできるようになったんだけどね。イチゴの担当は最初は父だったんですけど「イチゴはもういいや。お前がやれ」ということで。おやじとおふくろは、シイタケをやってたんです。山から木を切ってきて、木を水に冷やしてあったかいところに置くと、シイタケがでてくるんです。キノコ用の木はナラとかクヌギの木とかですね。

昔は売るものはシイタケとかコンニャクとか。米だけでは、そんなに収入がなかったんです。価格は高かったけど、収量が少ないからね。ここは山とコンニャクで生活してたんです。戦後から一九六〇年代だね。一九七〇年代になると安くなったんですけど、杉はものすごい高値で販売されてたんです。

山の手入れも手伝っていた

山は七町歩（七ヘクタール）かな。杉の木で一反歩（約一、〇〇〇平方メートル）三〇〇本くらいですかね。それを間伐して、間を切りながら育てて。木を植えたばかりは草ん中に木があるから三～四年は鎌で刈るんですよ。それが大変でね。大きくなった木は全部手で切って。親と一緒にやるか、私一人でやるんです。夏は草刈り、山の下刈り、冬は間伐と、育てるためにはほんとに大変なんです。暇があれば山の手入れをしなくちゃなんないから、一年中仕事はあるんです。遊ぶ暇はほんとにないですよね。そんな生活だったから仕事は苦にならなかったんですね。疲れても仕事が嫌だって思ったことはないです。

高校生の頃は、夏休みは休みのあいだ中、山の草刈りや下刈りをやりました。私が昭和三十九年（一九六四年）に高校を卒業したと同時に、うちの親がどんどん植林して育てた山が、今素晴らしい木になってる。手入れした山に行くと、やったかいがあるなあって。やはり山には愛着があります。でも今は手入れが行き届かなくなって、人に頼んでやってもらっています。山の手入れをしてくれる人が、その木を売って自分の手間賃にしています。

収穫された米は、献穀米として皇室に供された残り米は矢祭町内の幼稚園・小・中学校の給食に

振り返ってみると、私は一生懸命やったけど、みんなにも支えられて耕作する

田んぼも多くなって。だから自然と農業に力が入るような状況で。まさか米を作っていて天皇陛下に会えるなんて夢にも思わなくてね。そういうふうになったのも自然とまわってきたんですね。陛下には話こそできなかったですけど、すぐ目の前でお会いしたんです。陛下の顔を見るのも失礼かなと思って、ちょっと頭下げた感じでね。美智子様と二人で「ありがとう」「ありがとう」って。米を作ってて、この功績が認められたってことは、本当にうれしいし誇りに思ってます。今振り返れば、よかったなあって思います。

昔から狩猟をやったり、山に行ったりしていますからね。狩猟は二五〜二六歳からずっとやってたんですよ。キジが大体主体ですね。イノシシをやってる人もいますよ。イノシシは作物を荒らして困るから。イノシシはワナもあるんです。銃よりも手早いし危険度も少ないから、矢祭町ではそっちでもやってるんです。あとは趣味というと植木の手入れですかね。

機械化が進み、生産性が上がった農業
しかし林業は……

米はどうなるかはまだわからないですけど、作る人がいてくれればいいなって思います。若い人たちが田んぼや畑をやってくれればいいなと思ってますけどね。会社を作ってやろうとしている人はいます。農業はこれからも変わりますね。ただ山はなかなか手入れが行き届かないような状況になってるんですね。立っている木が悪いと、お金になんないから山の手入れをする人の手間賃が出ないんですよ。大きい木になれば手間がでるからいいけど、育たない木はダメになっちゃうね。山をやる人もなくなってるし、なんとかしなくちゃですね。

平成二十八年四月二十日インタビュー

会津坂下町を若者が育つ地域にしたい

水彩画教室で生徒さんを指導

若杉《わかすぎ》　儀子《のりこ》 さん

◆昭和19年（1944年） 9月8日生
◆71歳
◆広瀬村（現・会津坂下町）出身
◆会津若松市在住

里山のアトリエ坂本分校（Atelier Noko彫刻村）入り口

会津坂下駅前にある春日八郎像

活気ある家庭に育つ

若杉儀子さんは昭和十九年（一九四四年）、広瀬村（現・会津坂下町）に五人兄弟の四番目として生まれた。兄二人、姉一人、儀子さん、弟という構成である。儀子さんは太平洋戦争が終結する一年前に生まれた。

戦後になって婦人会や青年団の組織も民主的な組織へと変わっていった。坂下町の動向について詳しく書かれた資料はないが、昭和二十三年（一九四八年）十一月に掲載された福島民報新聞には「坂下町に民主化一家」と題して、古物商を営む店主が、町会議員のほか農地委員、ＰＴＡ役員などを兼務する一方、店主の奥さんも婦人会の要職を背負って忙しくしており、家庭のことは子どもたちが共同でやっているという記事が掲載され、民主主義へ転換しつつある当時の雰囲気を伝えている。

儀子さんによると、当時の会津坂下町は終戦後の日本の混乱期の影響を受けた若者たちが古い体制を変えていこうという心意気に包まれ、活気があったという。儀子さんの兄もその一人だった。六歳の時に父親を亡くした儀子さんにとって、兄は父親代わりの存在でもあった。かくして兄の影響を多大に受けながら成長する。家は貧しかったが、農家だったために食事に苦労した記憶はないという。儀子さんは、戦後復興の新しい時代の波を感じながらのびのびと育った。

人見知りだった子ども時代。文学少女でもあった

兄が「少年少女文学全集」という本を毎月二冊ずつ私に取ってくれたの。クオレ物語とか、若草物語とか、嵐が丘から何から。本が届くとご飯を食べるのも惜しいくらいに本を抱えて読んでましたね。少年少女文学全集だから、ほとんどメルヘンよ。それが栄養になってるんじゃないかな。私は人前に立つと、ほっぺた

が赤くなるような、かわいい、意外に純情な少女だったんですよ。でもね、当時戦争に行かなくてすんだ若者が、村にいっぱいいたの。その子たちがグレーンミラーとか、ジャズの演奏旅行の映画をうちで見たりしたのね。父親がいない分、うちは自由だったから。

若かった兄たちの影響を濃く受け、音楽漬けの日々

うちは父が校長先生でした。母がちょっとした和裁教室をやりながら農業をやっていて。農業がメインじゃないから、結構人が集まって。ジャズが入ってきた時代に兄たちが若かったから村の若者を集めて、バンドを組んだんです。上の兄がアコーディオン、下の兄がトロンボーン、床屋のあんちゃんがギター、酒屋のあんちゃんがバイオリン、味噌やのあんちゃんがトランペット。で、向こうの農家の父ちゃんがドラムスというように、めちゃくちゃバンドをやってて私が

ボーカルでした。小学生から高校三年生までやってましたよ。美空ひばりからペギー葉山から、江利チエミから。演歌からロシア民謡から、なんでもやってたの。で当時、のど自慢がはやってたでしょ。そうすると楽器をリアカーにつけて、のど自慢の伴奏でどさ回りをやったり。兄たちと一緒にバンド組んで、ステージに立つでしょ。「最後に歌うのは林美沙維《みさい》さん、どうぞ～」なんて私が出て行ったの。旧姓は小林だったから芸名は「林」ね。小学校、中学校は合唱部に入って、学校帰りに友だちと歩きながら二重唱でハモったりしてね。「秋の夕日に～、秋の夕日に～」なんてね。掛け合いながら歌を歌って帰ったりね。

歌が好き、話すのが好きな高校生
バスガイドになるはずだったが

会津若松は遠くて通えないから、うちはみんな喜多方の高校なの。喜多方高校

は男が半分以上だから「おまえは女の子だから、女子校へ行け」って言われて女子校に行かされて。喜多方まで自転車で通ったんですよ。四五分くらいかかるのかな。「将来どうするんだ」って聞かれて「バスガイドになりたい」って。みんなの前で歌えるし、演劇部のバックやってたから説明はできるしね。バスガイドさんか、スチュワーデスか、外人さんを案内するガイドをやりたかった。英語をやりたくて中学の頃からイタリアとかアメリカとかブラジルとかと英語で文通をしてまして、高校の時は毎日の日記を英語で書いてたくらいだったから。でため英語だけど、イラスト入りで楽しく書いてましたね。それで静岡の富士山麓を巡る観光会社に入社することが決まりかかっていた時に、兄が従兄弟から「大学出せないってとんでもない」って言われたらしいの。「おまえ、父親代わりなのに大学ぐらい出せ」って。それで「やっぱりおまえは大学へ行け」って学校に電話がきて、観光会社の最後の試験に行かないことになったのです。

大学進学へ方向転換
その陰には父親代わりだった兄の思いが

父の弟が福島大学美術科の教授だから「おじさんのところで勉強しろ」って、急きょ家でデッサンの練習。兄がビーナスを買ってくれて。石膏があるでしょ。木を組んで、障子紙で台を作ってくれて、そこにビーナスを置いて、近所の人を集めてデッサン会というのをやって。そこで私もデッサンの勉強をして大学に行きました。すごくおもしろかったです。兄は、ほんとは自分が美術大学に行きたかったの。家中に「芸大突破」って書いてある張り紙があったから。でも父親が亡くなって、それが消えたの。早くから父がいなかった分、母の農作業を手伝ってた兄は、リアカーに油絵の道具を全部つけて、農作業の帰りは夕暮れに土手に腰を下ろして、村の風景や川辺の景色を小さいキャンパスに描くという日々でした。だから私に「やっぱり美術科に行け」と言ったのは、ほんとは兄がやりたかったんだと思うの。

大学卒業後、中学校の教員になる

今は統合して無いけれど、一番先に下郷の旭田中学校に行ったんです。私は若いし、美術だし、めずらしかったんでしょうね。部活動で「美術部」というのを作ったら六〇人くらい生徒が来てどうしようもなかった。だから毎日外に出してスケッチさせてた。楽しかった。

学校は楽しかった。私もアコーディオンやってたから、キャンプファイヤーで歌わせたりね。教員生活最後の一〇年間は、会津若松市にある若松五中でした。その時は生徒に恵まれたというか、チームワークが最高の中学生たちで、彼らが今でも「人生の中で一番楽しかったのは中学校だった」っていうくらい盛り上がった。

エピソードはいろいろありますけど、学校の校庭でキャンプファイヤーやったんですよ。キャンプファイヤーの下にフォークダンスをやらせて。中学生は体育の授業でフォークダンスをやっても、男と女、手をつながないの。だけどバーンとジェンカが流れて「レッツ、キッス、ほほ寄せて」ってなると、子どもたち、ひとりでに手をつなぐ。肩寄せて、肩組んで、こうやるでしょ。ひとしきり踊ってオクラホマミキサーになる頃には勝手にみんながダンスやるんです。それが終わって静まりかえった時に「みなさん！燃えろ五中」って火をつける。するとバックネット全体が燃えるの。それが収まった頃に火だねが残って「燃えろ五中」っていう文字が浮かぶでしょう。ものすごい拍手で、親が協力して花火をドーンとあげるの。そうするとね、ストーンと気持ちが落ち着いて「よそに行かないで、必ず家に帰れ」と言うと、どこにもよらずに、みんなサーッと子どもたちが家に帰るんです。今の学校じゃ考えられないことでしたね。でも、よその学校でも考えられないことでした。

生徒が生き生きすることをやるために若い教師らと一緒に校長を説得

これをやるために校長を説き伏せて、若い先生たちを美術室に集めて作戦会議をするの。「職員会議でこういう意見が出たらフォローするから」って若い教員が団結して。外では子どもたちが「会議がどうなるか」って固唾をのんで見守っているの。ある時は若い同僚が「バンドをやらせる」って言ったの。そうすると校長が「絶対ダメだ。町に出て不良やっているやつがやるバンドを、中学校でやらせられるか」って言うんですよ。「じゃあ私たちがついて、オーディションをやらせて、ちゃんと練習してやれる子を選ぶから」って言って、ようやく納得させたの。その成り行きを、中学三年生の男子と女子がみんなで待ってるの。「やれるぞ」って言うと「わーっ」と喝采でね。夏休みのある日に、学校を貸し切って練習させてオーディションをやりました。教員全体のチームワークも最高でしたね。

よき生徒、よき同僚に恵まれ、充実した教員生活だったが

ちょうどその頃、山口百恵が歌手生活の一番良いときにマイクを置いたでしょ。私もそうしたいと思った。若い先生がどんどん入ってくるの。五〇歳だと、私はもうおばちゃん扱いよ。そうするとね、今まで私が追いかけて、馬乗りになってゲンコをくれてた頃とでは、子どもが変わってくるの。反抗しない。何でも言うことを聞くんだ。たとえばね、廊下にゴミが落ちてたら、昔なら「誰だ、ゴミなんか落として、おい」なんて言うと「あかんべー」なんて逃げていくんだ。それを追いかけてゲンコなんかくれる。ところがね、「誰だ、こんなところに散らかして」って言ったとたん、ほうきとちり取りを持ってきて「はい先生、僕がやり

ます。私がやります。内申書あげてね。特別活動で評価してね」なんて言うようになったのね。若い先生にはやらないの。そういうことが続くと「あ、これはおもしろくないな」って思って、「前からずっとやりたかった彫刻をやるから辞めます」と言って、スパッと辞めちゃった。

実は学生時代から彫刻家になりたかった

なぜ彫刻をやるようになったかというと、萩原守衛（萩原碌山）っていう、ロダンに憧れて一時期師事していた長野県出身の彫刻家がいるのね。その人の生まれた土地に大学時代、学習旅行で連れて行ってもらった時に、山や光景が会津にとても似ていたの。「こういうところで彫刻をやる人がいたんだ。私も会津で彫刻家になろう」とその時に決めたの。大学三年生の時ね。教員になったけど「いつかはきっと」という思いがあって「このときだ」って思ったのね。その後大きな展覧会をやって、それがきっかけで彫刻家になることができたの。学校にいる時も熱塩加納村のひめさゆりの像を造ったり、いろいろしたりしていたのだけど。教員時代の同僚からも学校行事に彫刻を設置するなどの依頼をもらって、彫刻家になった私を取り立ててくれたの。

会津坂下町出身の歌手、春日八郎の像を造る

会津坂下町出身の春日八郎を偲ぶ「春日八郎顕彰会」というのがあるの。銅像建立実行委員会の委員長をされていた、会津太郎庵社長の目黒督朗さんが彫刻を依頼してくれました。目黒さんは修業時代「どこから来たの」と聞かれると、いつも「春日八郎のふるさとから」と答えていたそうなの。するとみんなが「ああそうか」と認めてもらえたことが誇らしかったんですって。除幕式の時、春日八郎の奥様が車椅子でおいでになり、ブロンズ像を見上げたときにわっと泣き崩れ、

「会えました」と言いました。なんとうれしかったことでしょう。おかげさまでお役に立つことができて、幸せを感じました。

会津坂下町立八幡小学校坂本分校に「里山のアトリエ坂本分校」を設立

アトリエとしての利用を考えていたら「作家として入るだけではダメです。地域のために役に立たないと」って言われたの。でもよく見たら地の利といい、地形といい、素晴らしいところで「ここは全部が彫刻、立体空間」という位置づけで見ると、村を中心にいろいろな彫刻を配置したり、山の方に行ったり、地域振興のために役立つことをなんでもできるなって思ったの。「彫刻のまちづくり」みたいな構想を描いて、山を開く活動から、今ようやく森林資源の活用というほうまでいったところです。

様々な人が訪れる坂本分校　不登校の子を預かったことも

私が若松五中にいた時の教員が校長になった学校の、ケースワーカーが連れてきたの。その子にアートをやらせたら、なかなか器用だったから、どんどん伸びたので全国展に出したらいきなり優秀賞をもらって、県では奨励賞をもらって、自信もっちゃって。最初しゃべれなかった子が、村の人たちを前に三・一一の追悼のキャンドルサービスをやったの。そのポスターも描いて村の人の前で「僕は村の人たちと一緒に、いろんな活動をしてきましたが、おかげさまでこんなに成長できました」って演説したの。その子のお母さん、泣いてたけどね。その前の十二月に「あなたね、雪が降って、じっちゃん送ってこれない。分校に来るのに、峠越せないから三学期は地元の学校行きなさい」って言ったの。そしたらとめどなく泣いたの。家に帰っても戸を閉めたまま出てこなかったんだって。そのまま三学期の終わりまで分校には来なかったの。それが三・一一の追悼キャンドルの日に聞いたら「三学期は全部学校に行きました」って言うの。だから「おーっ」って思ってね。決心したんだなって。それで身上書を書いて高校に出したら、高校で受験を認めてくれて、高校合格したの。

分校で彼がやっていたこと

彫刻。学校の勉強ではなくて。あとは分校の行事を手伝ってもらったり、分校を訪れる子どもたちとのイベントでピザを焼いたり、流しそうめんをやるでしょ。そうすると子どもたちから「ピザのお兄さん」と呼ばれてみんなの信頼を得たのね。そういうことが「育つ」ということ。彼は分校で中学時代に経験できないような野外活動をしたでしょ。高校に行ってキャンプの時の芋煮会なんて、火の起こし方が一番上手で、よく煮えておいしいのを食べられたとか。「絵を描いて」「看板描いて」って、みんなからお願いされて活躍しているの。

次世代に残したいこと

今、各地で戦争が起きているけど、二度と戦争をしてはならない。そのために心豊かな人間に育てたい。これですね。豊かな人じゃないと、ごまかされるから。見抜く力のある子どもを、本物をですよ。本物を見抜く力がないと困るから。まやかしは嫌だ。だから森林のことを話したいの。森林は命をはぐくむ大本となる。自然と共に生きるっていうかな。自然があって、命があって、暮らしがある。私は「若者が育つ」地域にしなくちゃと思ってます。私が今、立体アートの世界で活動していることは、幸せですね。

平成二十七年十一月十九日インタビュー

四十三年ぶりに故郷いわきに
社会奉仕に捧げた

自宅玄関にて

飯田《いいだ》　教郎《のりお》 さん

◆昭和15年（1940年） 10月23日生
◆76歳
◆小名浜町（現・いわき市）出身
◆いわき市在住

昭和22年小学校入学式。一番上、左側が教郎さん

昭和25年小学校3年生。担任の佐藤和子先生と
左側が教郎さん

漁業と工場の町、小名浜

飯田教郎さんは昭和十五年（一九四〇年）、石城《いわき》郡小名浜町（現・いわき市）に、三人兄弟の長男として生まれた。小名浜町は昭和二十八年（一九五三年）に公布された町村合併促進法により磐城市になる。その後昭和四十一年（一九六六年）新産業都市建設促進法にのっとって一四市町村が新設合併し、いわき市が成立。当時としては、日本一面積が広い市が誕生した。

教郎さんが生まれ育った頃の小名浜町は、漁業と工場の町だった。小名浜港の近代化は明治時代の石炭輸送から始まった。しかし石炭の海上輸送は危険性が高いので、安定供給のために鉄道が開通する。昭和十一年（一九三六年）、日本水素工業㈱（現・日本化成㈱）が進出を決め、昭和十四年（一九三九年）に操業を開始。昭和九年（一九三四年）、錦村（現・いわき市）に進出した昭和人絹錦工場（現・

㈱クレハいわき工場）と共に、のちの臨海工業地帯発展の基礎を築いた。教郎さんの父は、日本水素工業㈱に創業時から勤務していた。

自然豊かな港町で生まれ育つ

生まれた当時は漁業の町ですよ。漁業と大きな工場があって、どちらかというと船の町ですね。魚を捕りに行って遭難した同級生の親の話など、悲しい記憶もあります。そのほかに北洋船団が今の小名浜の港から北洋に行くわけですよ。それを僕らが見送りに行ったんです。「気をつけて、いってらっしゃい」ってね。小学生、中学生の頃のことです。そういうのんびりした雰囲気でしたね。海のそばに父の勤務していた会社の社宅があったから「自然の中に育った」っていう感じでした。白砂青松という言葉があるでしょう。そのくらいにきれいな海岸線でした。ハマグリが捕れたんですよ。僕はそんな素晴らしい環境に育ちました。

うちの父は会社が終わったら、当時は海釣りに行くんですよ。友だちとみんなでお金を出して伝馬船《てんません》を買ったんです。小さな渡し船みたいなのを「伝馬船」っていうんですよ。これで会社が終わったら魚釣りに行って。釣れた魚を持って帰ってきて、おふくろに「それをさばけ」って言ってね。さばけないくらい、たくさん捕れるんですよ。近所に分けても余るくらいね。アジとかサバとか。今じゃ高級魚になっているイシモチとかね。メバル。あとハモが釣れました。当時は食糧不足だったけど、そういうのを小さい頃に食べたから、健康にはよかったと思います。伝馬船をどこに置いたかなんてことは覚えてないけど、砂浜は広いし、あの頃はそんなにうるさくなかったんじゃないかな。

バカ真面目だった教郎青年

高校は地元の名門校と言われる高校に進みました。僕の両親は家庭の事情で満足に勉強できなかったから、長男の僕は生まれた瞬間から「教育」ですよ。だから変な話、僕は反抗期がなくてね。ほんとに真面目にやったんです。高校三年間も勉強ばかりしていたから、なんの思い出もないです。大学も「官立大学（当時の国立大学）以外はだめですよ」って言われました。残念ながら（官立大学から「来なくていい」と二回言われたもんですから、ラジオで「都の西北」という歌を聴いててね。「いい歌だな」って思ったんで「早稲田大学を受けさせてくれ」って頼んで、そこしか受からなかったから行きました。これが僕にとっては人生の転機に近いですね。

早稲田大学に入ったら、学生は全国から集まるじゃないですか。いろいろな人がいました。昭和三十五年（一九六〇年）に入りましたから。その年は第一次安保闘争の時だったんです。友だちが「もう授業なんか受けるな」「ボイコットしよう」って学校の入り口で平気で言うんですね。昭和三十五年の安保闘争では六月十五日に東大の樺美智子さんが亡くなったじゃないですか。僕、実は現場にいたんですけど、ノンポリ（政治に関心がないこと）だったから雰囲気が怖くて家に帰ったんです。そしたらラジオで、どなたかが亡くなったって聞いて。

安保闘争で一番覚えているのはね。右翼の連中が板に釘を打ち抜くんです。それで人を叩くんですよ。学生とかデモに参加する人にです。すごかったですよ。流血っていっぱいありました。樺美智子さんが亡くなった時なんか「革命でも起きるんじゃないか」っていう雰囲気がありましたからね。だから途中で怖くなって帰ったんです。あとは親から「テレビにおまえみたいなのが映っていたから行くな」って心配して手紙がきました。「親の言うとおりだな」と思いながらも、友だちから「おい、今はみんなでデモに行くべきだ」って言われると行くっていう。そんな経験しましたね。

大学に入った年がそれだったんです。全国から来ているからいろんな人がいた。僕みたいな真面目な人もいたから、そういう人と仲良くなったんだけど、「勉強なんてどうでもいい」って人生論を説く人もいたり。いろんな意味でカルチャーショックでしたね。

就職先も第二志望へ。でも……

僕は大学もすべってますが、実は就職試験も第一志望を落ちてるんです。銀行の試験を受けて落ちました。ご縁があって、その後受けた損害保険会社に就職しました。そこでは代理店という制度があって、僕の立場はその人たちを指導することだったんです。ところが向こうの方がベテランです。口べただから営業に行きたくなくて内勤を希望したのに、最初に「行け」と言われたのが営業所だったんです。入社二年目に北千住にある営業所に行って、荒川区と足立区を担当しました。昭和三十九年（一九六四年）の頃の下町です。台風が来ると、股のあたりまで水びたしになって「なんで俺、こんなことやってんのかな」と自分が情けなくなりました。ところが営業所に帰ったら上司から先輩、同僚まで待っていて「ごくろうさん」って言われたんですよ。そのことが忘れられなくてね。いい上司やいい先輩に恵まれたことが、サラリーマン生活を全うできた大きな要素ですね。

東京から北九州市へ転勤し、その後広島県福山市から東京本社に戻って新しい保険を作るという部署に配属されて、とてもいい経験をさせてもらいました。ホールインワン保険って聞いたことあるでしょ。「こういう保険を作りたい」と僕らは大蔵省（当時）に行って、いろいろ折衝して、交渉して。「はい、認可します」と言われるまでが仕事でした。いろんな新保険の認可申請を経験したのが、僕にとってはすごく大きかったです。本社の中枢部にいて、それこそ残業なんて当たり前。土日出勤もざらという風潮でした。四〇歳代の前半。この年代の頃が一番頭を使いましたね。

会社の役職定年が五五歳でした。その後のサラリーマン人生は、新入社員とか中堅社員を研修するセクションに出向したんです。実は僕は、小学校五〜六年の時の担任の先生から「君は名前に『教える』という字があるので、人を教えるような仕事についたら」って言われて「将来は大学の教授になりたい」という夢があったんですよ。でも妹、弟が続けて私立大学に入った。そういう状況の中で「大学教授になりたい」なんて甘いことは言ってられないと思いました。だから普通に就職しました。それが五五歳になって、研修センターの講師になったんです。

カリキュラムも全部自分で作るの。保険の知識以外は、人生を生きる上の心構えが多かったです。保険の勉強は当然やらなきゃいけないんですけど、中堅社員となると「人生の考え方」とか、そういう部分も出てきますから。ここで僕の「教える男＝教郎」っていう意味が出てきたなと思いました。僕はサラリーマンになった時から「自分よりも若い人をなんとかしたい」という考え方なんですよ。だから後輩が入ったら、仕事を丁寧に教えてきました。それはいい先輩のお陰で仕事ができたからです。そういう先輩のお陰で、ここまでこれたという思いがあります。その気持ちは今でも変わりません。

退職。四三年離れていた、いわき市に戻る

定年後、嘱託として一年勤務して退職しました。長男であることと、家内も実家が平《たいら》だから「いわきに帰ろう」ということで、おやじが建て、おふくろが留守を守っていた家に帰ってきました。いわきでの唯一の人脈は、高校時代の三人の同級生。この三人の友だちのおかげで、いわきにおける方向性ができた。「このままじゃいけない」って、いろんなことをやりました。

まず市役所にいた弟が下水道部長で定年になったんです。そんなこともあって「いわきの下水道を考える会」の公募委員になりました。ただ弟は、僕が委員に応募した直後に六二歳で亡くなりました。そんな思い出があるもんだから、市の委員も下水道関係がメインになったんです。弟の気持ちを継ぐつもりでね。

審議会などには、大学の教授とか学識経験者とか、いろいろな立場の方が参加

するわけ。でも僕はずっと公募委員なんです。「市民代表」という思いでやっています。市政に関わるという気持ちがありますから一生懸命やってます。やはり社会参加したいからです。あとは意見を言いたいんです。「行政にものを言える」ということは大きいです。また何回も行っているうちに、市役所の職員の方々とも親しくなって、自分が関係している勉強会の出前講座の講師をお願いすることもあります。ありがたいことに人間関係ができると、こういう交流ができるんです。

市の公募委員のみならず子育て支援にも

いわき市に戻って、市役所関係の委員から始まって、その次にマネー教育かな。ファイナンシャルプランナーの資格を持っている自分の本業だからね。その次が子どもかな。震災直後から、子育て支援の団体の集まりに「子どものマネー教育」で関わっていることからアンケートに答えたんです。その縁で第一回目の集まりに出たら、たまたまお話しした女性メンバーのお父さんと私が、高校時代の同級生だったんですよ。「飯田さん、せっかくここに来たんだから仲間に加わって」と言われたんです。当時は、そんなに関わるつもりはありませんでした。ただ僕には高校二年生になる孫がいて、その子が一歳半くらいの頃から一緒に暮らしているんですよ。現役時代に自分の娘たちには何もできなかったから、その罪滅ぼしのつもりで孫育てはがんばった。その延長みたいな感じで入っちゃったんです。

である時、事務局をやっていた人ができなくなって、その相談にのっているうちに「飯田さん、事務局をやってくれませんか」って言われちゃった。それで事務局を引き受けました。子育て支援関係の一〇数団体が集まって、毎月定例会をやってます。年に一回大きなイベントをやります。おかげさまでいわき市から「こどもみらい部」の部長に来ていただけるようになったんですね。結成から丸五年たって、そこまで認知されるようになったんですね。僕自身もいろいろ勉強させてもらってますけど、新しいメンバーに助成金の申請書の書き方を教えたり、新しくNPO法人を立ち上げたいグループに準備の手伝いをしてあげたりしています。困っている方のお手伝いをする。僕はそういう係なんです。自分ができなければ、知っている人を紹介する。人と人とを結ぶ。それが僕のやり方。それが一番だと思います。

次世代に伝えたいこと

やはり僕がここまでこれたのは、上司や先輩に支えていただいたからなんですね。で、年齢を重ねて、今は「支える」という立場になっているんです。だから中味はなんでもいいんですよ。次世代の方に伝えたいことは「今は支えられていても、自分が成長したら支えろ」ということですね。

平成二十九年一月十二日インタビュー

地域人口が減るのを防ぎたい

自宅裏にある783メートルの麓山を背景に

大内《おおうち》　紀男《のりお》　さん

◆昭和15年（1940年）9月15日生
◆76歳
◆台湾（現・中華民国）高雄市出身
◆郡山市湖南町在住

横沢浜にて

湖南町のウォークガイドをする紀男さん

布引山の麓に生きて

大内紀男さんは昭和十五年（一九四〇年）、台湾（現・中華民国）高雄市に、六人兄弟の四番目の長男として生まれた。祖父の事業の失敗により抱えた借金を返済するため、紀男さんの父は猛勉強の結果、教員免許取得。その後、給料のよい外地に行き教員になった。それが中華民国である。

一方、紀男さんの住まいがある現在の郡山市湖南町は、湖猪苗代湖の南岸に位置し、総面積一六七平方キロメートル。猪苗代湖の約一・五倍の広さであり、郡山市全体の面積の約二割を占める。紀男さんが産まれた頃は安積郡月形村といった。この地域一帯は江戸幕府の藩制度の頃は会津藩領だった。明治維新後、県制、郡制が敷かれ、湖南地区は安積郡役所管轄になる。何度かの合併を繰り返したのち月形村は昭和三十年（一九五五年）、隣接する中野村、三代村、福良村、赤津村と共に合併し湖南村になる。十年後の昭和四十年（一九六五年）、郡山市が新産業都市に指定されたことを受け、郡山市、安積郡全町村、田村村が合併して新郡山市が誕生すると共に、湖南村も「郡山市湖南町」になった。

湖南町には福島県三〇景の一つである舟津公園や、猪苗代湖に面した七つの浜、緑地環境保全地区に指定された隠津島神社がある。また布引山の風車や猪苗代湖から見える磐梯山の風景など、観光資源も豊富な地域である。

自然と人情の豊かな島国で生まれる

おやじが小学校の副校長をやってましてね。僕が四歳の時、終戦によって引き上げてきたわけです。僕の家には女中さんもいて裕福な生活していたんですよ。台湾は常夏ですからパンツ一丁なんですよね。高砂族という民族がいまして。もうだんだん追いやられて山のほうに住んでいる。そういう人たちが商売にきているのを僕らは小さかったから仲良くしてもらって、肩車してくれてね。高砂族の部落に何度も連れていってもらって、果物とかいろんなものをごちそうになって、また肩車で送ってもらったりしてね。あの頃、おやじやおふくろがよく許したもんだなぁって。現地の人は非常に友好的だったし、うちは結構物資があったんでしょうね。いろんな物資も現地の人にあげたりなんだりしたもんだから、協力的でしたね。

終戦がきっかけで引き上げなくちゃいかんということで。その時、わずかな荷物しか持てないから、どうせ誰かから接収されちゃうからと、持っている物を全部現地の人にあげて。どれくらいの距離だったかわからないですけれども、引き揚げる時は牛車の列ですよ。そこに僕はちょこんと乗っけられて。現地の人は延々と、港までお見送りに来てくれたんですよね。あの光景は今でも覚えてますね。

暖かな台湾とは別世界の地・湖南

湖南の家はじいちゃん、ばあちゃんが二人で守ってたんですね。電気もない、ランプの生活です。毎朝のランプ磨きが僕の仕事でね。生活のレベルが全然違うんですよ。すごいカルチャーショックでね。でも雪遊びはできるし、子どもだからすぐに慣れて。当時は冬になると、今よりももっと雪が深かったですから。除雪車なんかありませんからね。馬のそりが交通手段です。あんかを真ん中において、布団かけて、そりに乗っかっていくわけですよ。ある時すごいでっかい機械がきてね。今でいう「ブルトーザー」ですよ。すごい量の雪を一気に片付けるのを見て「なんていう機械があるのか」って僕はびっくりしたんですよ。小学校に入ったくらいの頃ですかね。戦後四〜五年たってた頃でしょう。それがのちに建設機械メーカーに入るきっかけだったんですね。

あとでわかったんですが、僕が入社した会社がブルトーザーを開発したメーカーだったんです。日本軍がアメリカの飛行場を爆撃して帰ってきて、翌日行ったらきれいになっている。「なんでこんなことができるんだ」と調べて、ブルトーザーの開発を命じられたそうですが、一号機がインドネシアかどこかに行く間の船の上で終戦になって、使われずに戻ってきたんです。今でも主力工場の玄関に展示してあります。

たくさんの経験をさせてもらった会社員時代

昭和三十八年（一九六三年）に入社した頃は、まだ小さな会社でしたよ。世界有数のアメリカの建設機械メーカーが日本に上陸するという時に、僕が入社した会社が提携しようとしたらしいんです。でも結局他社と提携することが決まったから、技術を上げようと会社は必死ですよ。いろいろな水準の、全部違う部品をつけて組み込んだテスト車を六〇台ほど造りまして、オペレーターが不足していたので、僕ら新入社員は二人にブルトーザー一台をあてがわれて、河川敷で動かせと。乗り合いバスよりも、ちょっと小型くらいの大きさだったかなぁ。「あの機械を運転できるんだ」と最初は喜んだんですけど、毎日動かしているうちに、内臓がひっくり返るようで苦痛になって「もう乗りたくない」となりました。

大学で勉強したのは経営工学でした。だから現場を持ったのはだいぶあとです。生産管理とか購買関係が長かったですね。当時僕らが口すっぱく言われたのは「我が社があるのは、協力企業があってからこそ」ということです。「外注」という言葉はご法度でした。「協力企業の品質が上がらなかったら、わが社の品質は上がらない」ということで、協力企業をものすごく教育しましたよ。部品のほとんどを協力企業に造ってもらうんだから、協力企業の品質を安定させないとだめだということで「品質管理賞」というのを作って、三年計画でチャレンジしてもらう。そして十年以内に取れない会社には取引をやめてもらうという制度もつくりました。

協力企業は世襲制が多いんです。そうなると社長の一番の悩みは自分の息子の教育です。

会社の「技術協力課」というセクションから教育専門の人間を協力会社に派遣するんです。そして社長はもちろん、後継者になる息子や幹部を集めて「二十年後はどういう会社にしたい？」「そのために技術・管理・人材などで何が不足している？」を徹底的に追求させ、三ヶ月くらいかけて経営計画を作らせるんです。そうやって協力企業を教育していきましたね。

協力企業の教育係のあと、まったく別の部門に異動になったこともあります。社内では異例の人事だったので「弱ったなぁ」と思いました。四五～四六歳くらいの頃かなぁ。でもやるしかないと、まず製品の組み立ての図面を見ながら説明を受けることから始まって、協力企業を巻き込んだ改善活動を行い、最後には利益率アップに成功しました。また分社化されたサービス部門に行ったこともあります。私はサービスそのものを知らないから各支店まわりをして、全国を飛び歩いて、終業後に飲み屋に行って、彼らの話から本音を聞き出して、やる気を起こさせる方法を考えたこともありました。いろいろやりましたけど現役時代は楽しかったですね。上から「やれ」と言われた仕事は苦痛なんですよ。でも自分で発案して、やる仕事は楽しいんです。その経験が湖南町に戻ってきてからの生活で役立っていますね。

湖南町に戻り、地元のことを勉強する

六〇歳で定年を迎え、ふるさとの湖南町に戻ってきました。長男だから迷わずに。定年になる前から計画は立てていて、戻るとすぐに陶芸や野菜作りを始めました。それから公民館で湖南の史跡文化財を勉強する機会があって、三年間勉強したんですよ。湖南町は非常に広域でしょう。だから湖南の人は、自分の住む地域のことは知っているけど、他の地域のことは知らないという人が多かったんです。「ぐるっと湖南・伝承会」を立ち上げ、史跡・文化財・景勝地などを「ぐるっと湖南」という冊子にまとめ三、〇〇〇部作って、二、〇〇〇部を湖南町の家庭、郡山市の全小学校や公民館、図書館などに無償配布して、残り一、〇〇〇部を販売し、我々の活動資金にしたわけです。「せっかく勉強したんだから、これを材料に首都圏から人を呼び込んで、交流人口を増やそう」といろいろなイベントをやったんですね。

東日本大震災を経緯に、活動の幅が広がった

それをやっていく間に震災が起きて。県の助成金を使って活動してましたから「仮設住宅で避難生活をしておられる方のためのイベントをやってくれ」と県から言われてイベントを行いました。秋に新そばができたときに「収穫祭」と称して、避難されている方たちを招いて、そば食べ放題のイベントをやりました。湖南町はまったくと言っていいほど被害が軽微だったんですね。ですから当たり前の生活が、当たり前ではないことを学ぶために、いろいろな活動をしている団体のリーダーたちを震災後、最も早く帰還が始まった川内村に連れて行き、地震発生後の避難の状況や除染の現状を勉強してもらいました。湖南町にある空き屋やアパートの大家さんに交渉して、避難された方に一時期住んでもらったこともあります。

そうしているうちに郡山市の教育委員会から依頼されて「わくわく湖南移動教室」という支援活動を始めました。外で運動できない郡山市内の子どもさんたちが学年単位で湖南に来て、一日活動して帰られる。我々がその受け皿になったんです。湖南にある麓山の登山だとか昆虫採集、水生生物調査とかね。三年ほどやりましたかね。今でも続いているのは「のびのび親子体験事業」といって、土日を利用して親子で来て、湖南でいろいろな体験をやって帰られるというものです。麓山登山とか野菜の収穫体験などをしてもらってます。

湖南はね、いいところがいっぱいあるんですよ。冬はほとんどお客さんが来られないんです。でもね、冬だからこそのしぶき氷や雪遊び。湖南の氷は透き通るほどきれいなんです。

湖南町を盛り上げたいと奔走する紀男さん。「ぐるっと湖南・伝承会」のほかにも、「郡山田舎体験協議会」「猪苗代湖観光推進連絡協議会」「猪苗代湖プロモーション委員会」など、様々な会に参加・活動している。また平成二十八年四月に米作依存からの脱却を目指して、農事組合法人を設立。一三町歩の大豆生産を行い、翌年からはトマトの生産を開始する。

やっぱりね、ふるさとは大事なんですよ。「なんとかしなくちゃいかん」という思いがある。現役時代に住んでいた川崎市から田舎に帰って、野菜を作りながら陶芸を始めたし、ブルーベリー畑をやりたくて、育てていた苗を挿し木して増やして。そういうのんびりした生活をしようと思って湖南に戻ってきたんですね。そしたらね、僕らが湖南を出て行った六十年前は一〇、〇〇〇人近い人口があったわけですよ。それが戻ってきたら四、〇〇〇何百人です。さらに十五年たった今、三、五〇〇人を切ってるわけですよ。このままでいくと、あと十五年後は半分になる。

今外に出ている息子に、一、五〇〇人しかいなくなったところに「戻ってこい」というのも酷かなぁと思うんです。でも長男だけには「おまえはとにかくお墓を守らんといかんのだから」と言い聞かせてはいるんですよ。ふるさとが好きだっていう気持ちと危機感ですね。

平成二十九年一月二十六日インタビュー

だいだい
受け継がれてきた昔話は、
いいことだから残った

著書「東和ものがたり」「ふるさとの言葉」を手に

紺野《こんの》　雅子《まさこ》 さん

◆昭和14年（1939年） 2月1日生
◆77歳
◆木幡村（現・二本松市）出身
◆二本松市在住

語りのタイトルはすべて雅子さんの手書き

民話茶屋で語り部をする雅子さん

八人兄弟の三番目

紺野雅子さんは昭和十四年（一九三九年）、安達郡木幡村（現・二本松市）に、八人兄弟の三番目として生まれた。木幡村は昭和三十年（一九五五年）に大田村、針道村、戸沢村が合併して東和村になり、昭和三十五年（一九六〇年）に東和町となる。そして平成十七年（二〇〇五年）に二本松市、安達町、岩代町、東和町が合併して新・二本松市が誕生した。

雅子さんが生まれ育った安達郡は養蚕業が盛んで、明治時代は信夫郡、伊達郡に続く養蚕地帯だった。東和地区も現金収入の大部分が養蚕収入だったという。戦後、いち早く増産に取り組んだ結果、生産力は一貫して増産を続け、かつて経験したことのない飛躍的発展をとげた時期もあった。昭和四十年代に入っても、養蚕は東和町の農業の中心的存在であり、旧村を単位として構成された養蚕組合ごとに掲げた振興策のもと、生産に取り組んでいた。しかし農業就業人口の減少や化学繊維の普及などによって徐々に衰退していった。

このような状況の中で養蚕農家の長男に嫁いだ雅子さんは、家業の養蚕業、役場の臨時職員勤務のほか、福島県農協婦人部協議会副会長、介護ヘルパー、地域の民生委員や「いのちの電話」相談員など多方面の役務に携わってきた。舅・姑に仕え、介護をしながら東和町の民話を収集し、現在は語り部として活動。東和にまつわる昔話のＣＤや書籍も出版している。

農家に生まれ、農家に嫁いで

私、三番目なの。女も一人亡くなったの。あと、男二人亡くなったから三人亡くなったの。昔は栄養失調でね、戦争中だったから。女ばかりの兄弟だったから姉が婿様もらったべ。昔は婿取りなんて早いから、一九歳で子どもができたべ。

うちの母親なんか三九歳でばっぱになったの。私ら五人おなごがいんだから、次々と嫁にくんないとね。で、お見合いして飽きもしねぇで五〇何年だい、ははは。

実家は農家だ。私らの頃は、農家の人は農業になる時代だから。あの頃の農業って、青年学級とか、いろいろあったんだよね。戦後生まれの子どもも多かったから、若者が多かったの。その中で農業って素晴らしいと思ったの。戦争中って食べものがなかったの。食べ物がないっていう苦労が一番身にしみたの。だから食べ物を作る農業って、すごい憧れだったね。この辺は農家って（土地の）高いところにあるのよ。そしてね、土地が下だべ。で、水をくむのにもみんな、これくらいの桶で下からあげたからね。で、見合いに来たのね。このうちは、あそこんところに井戸があんの。水がどーんと、こんな太い管から出てきたの。それが好《この》ましくてかあちゃんから「水近くていいから、嫁に行け」って言われて来たの。でも私は全然（井戸を）見てがね、はっはっはっはっ。嫁に来た時にね、家族が一一人いたの。この人の兄弟七人。そしてじいちゃんと、ばあちゃんと、グランドママだな、あははは。そして、この人の親の兄弟は一〇人だよ。私が嫁に来た頃、全部出入りしてたんだよ。じゃからお盆だのの日は二〇人も泊まるんだから。

雅子さん一九歳、勝一郎さん二〇歳
弟妹が六人いる家に嫁ぐ

私が見合いで来たべ。羽織着て、仲人様と、おかあさんと来るんだから。「おいでなりやした」と。年寄りばあちゃんと、おっかさん、姑さまといたわけだ。わしらもね「そっちさ行って、しゃべってこ」って言われたんだね。そっちの竹藪のほうさね。初めて来て、初めて行きあったんだから。そしたら、がっこさ、あがんねえ子ども二人いたの。姑さまの子どもだよ。四〇歳になってから姑さん、二人なしたの。一番下の子、三つになんなかったわ。あと、一年生にあがった女の子で三人。その三人が私さ、くっついてくるわけ。そして私、着物着てきたべ。それで袖だの、こうやって引っ張るんだよ。だから何もしゃべらんねべした。

養蚕一本。研究を重ねた夫は農林大臣賞を受賞

私は田植えだって、何だって、みな鍬でやったけど負けないでやったね。平成六年（一九九四年）まで蚕やったの。タバコと牛と蚕と田んぼでやってたから。で、だんだん一つにして、うちでは蚕専門にやってきたの。こちら山間地だから、桑がなくては蚕くれられねえから、桑園《そうえん》をまず完備しなけりゃなんねえから。山の木を、根っこ掘り起こして畑にして。今みたいに何も機械ないんだから。一本一本掘り起こすんだから。そこさ、桑入れて植えてった。勝一郎さんは、桑の研究発表やって農林大臣賞もらって全国で優勝してね。河北新報に写真まで出たったね。平成六年にやめたのは、肥料代とか種代とか飼育代が全部高くなったんだね。でも繭はあがんねかったの。中国の繭が入ってきて、だんだん、だんだん、みんなやめてったの。もう安くて間に合わないんだ。

養蚕が休みになる冬場は、町役場の臨時職員も

私、若い時の青年団活動の時代、うんと活発だったんだべかな。社会教育やってた人に認められたのね。それで「役場さ来て、稼げ」って引っ張りだされっちゃったの。十年もやると「今年はおらほだぞ、おらほだよ」なんて「住民課さ、来う」「税務課来う」「教育委員会さ、来う」ってひっぱりだこだったの。役場では臨時職員には起案文書作らせないのね。私が全部文章作ったのを係長の名前のはんこ押して、全部まわすわけ。臨時なんていうと、本職と違うだべした。ほんじゃけんど課長は「本採用にしてくれっからやれ」って。でも、うちのおじいちゃんが「役場さ行って七五〇円もらってくることねえ」ってきかなかったの。「繭で二、〇〇〇円となると、一日何キロだい。一キロかい。一貫目とくとなんぼになんだ。そんな安いのさ、出ていぐな。冬だけでいい」って。

舅に言われ、当時、まだ珍しかった運転免許を取得

その頃、東和の女、男でも運転免許、ねがったの。で、この人（勝一郎さん）、桑運ばねばなんねえって、免許取ったの。あの頃、部落で初めて買ったの。サニーの一〇〇万したの。耕耘機が二五万くらいで買える時代だったから。そしたらじいちゃんが言うわけね。「これは一番、おらいでの財産だ」「一戸に二人は運転免許が欲しい」って。「じゃ、じいちゃん、我が取ったらええべし」って言ったの。したら「やんだ、こんなの」って。「これから、女がやる時代が来る。アメリカのニュース見な。みんなおなごが運転してっから」って、こう言うわけ。「じゃから日本でも、おなごもやるようになっから、やれ」って。先見の明があって、すごいじいちゃんでしょ。私は今も尊敬しているの。

昔話の原点には、教育委員をやっていた祖父の存在が

私のじっじさんてのは、今の教育委員とか、村会議員をやってたの。そのじいさまに抱かって話聞いたの。「耳くそ、とってくれるから来う」なんて廊下に行くべ。そこさ行くと、じいさまの膝さ、こうやって寝転んで耳くそとってもらうの。そして「めんごいなぁ」って頭さすってくっちゃの。私、農協婦人部も県の副会長までやって。その時にね、今考えてみっと、必ずことわざを入れたの。「冬来たりなば、春遠からじといいますが」とかね。そういうのって三つ子の魂なんだね。ことわざなんか理屈でなくて。たとえば、これからの子どもたちだってね「三歩下がって歩け」とか、そういうの知っておいたほうがいいと思うの。中学校の校長先生が、こう言っちゃってた。校長室さ、みんな入って一人ひとり呼ばってしゃべんだね。そうしたら一人だけ、敷居踏まねえ子がいたんだと。んだら、ば

あちゃんに聞いたんだと。だから、わかってて悪いことなんて、なんにもねえんだよ。

昔の嫁の生きてきた道を なぜみんなは語らないのだろう

私の母親はね、一七歳で見合いで来たの。「欲しい、欲しい」って言われて来た。父ちゃんが出征して、あとで子どもが生まれたの。その頃、みんな兵隊に行っちゃったから、女が働かなきゃなんねぇわけだ。部落で山切って。特攻隊の油は木の根っこ切って、絞った油なんだ。枝をまるって、それを山奥からしょって出すわけだ。いっぱいしょうと五円だとか、それを取らせたくて、私の母は姑さんに「どこどこの嫁はみな、しょいさ出てんのに、おらいはしょいさ出てないのか」って言われて、産後三日目から出たと。乳なんて、出るわけないべしさ。だから栄養失調で死んじゃうのよ。そして長男だったから医大に連れてったの。そしたら帰ってきた時に、ばあちゃんから言われちゃうんだと。「これ見てんだぞ領収書。これだけ金かかったんだぞ、このやや子さ」って。死んだ子の前で言われちゃったって、母ちゃん言ってたよ。そういうね、女の悲劇だか、時代の悲劇だか、誰も言ってねえ。あたしだって言ったら、そしたら悪い人になるって黙っているけどね。

きっかけは、ホームヘルパーの仕事から

ホームヘルパーの要請を、農協婦人部ではじまったわけ。農協の婦人部活動で、農協でもヘルパー取り入れようっということで取り入れたんだ。「一級とれ」って言われっちゃったの。でも家におばあさん、いるから「二級でいいですか」って二年かかってとったの。役場にいるうち、ホームヘルパーやってた人がお産し

たのね。で総務課長から「雅子さんしかホームヘルパーできる人、ねえんだから、やってけろ」って言われたの。それがきっかけだね。私が来るの、みんな屋敷の下まで来て待ってるの。私は行って、仕事しなきゃなんねえんだよ。ぞうきんかけたり、水くんだり、全部やんなんねのに「あの人に来てもらえ」って年寄りの人たちが待ってんの。「いいから、あがってがっせ」って。そして年寄りの人と交流ができて、そこで聞いたのが昔の暮らしだね。

年寄りって古いこと言いてぇの。好きなことというど、ほんと、生き生きしてくんだかんね。家庭でも今、年寄りは孤独な時代なの。誰にも話し、聞いてもらえないの。だから、そういうの聞き役になったの。テープ持ってくと「しゃべんねえぞ」って言うの。だからみんなメモ。私ってまだ原稿用紙使ってるの。「うわぁ、そうかい」「うん」「そして、そして？」って、ばーっと要点書いてくの。その日のうちにまとめちまわないと、忘れちまうの。そうはいったって、まとめるのは、家族のみんなが寝てからだよ。

語り部の始まりは小学校で

東和町にある小学校に「どんぐり読書会」ってあんの。そこに「来てみないかい」って言われたの。東和町の道の駅で始まったのはその翌年。「語ってみねえかい」って言われたの。東和町が合併したあとも引き続きやってくださいって。私、ずーっとやったの。そして私、平成二十七年（二〇一五年）に五〇〇回記念の紅白まんじゅうやんだから。最初の頃、お月様のうさぎなんか、やったの。「お月様にうさぎいる」って。そのとき小学校四年生までだったの。ここさきて、膝に抱かれっちまう子いるの。後ろさ来て、肩もんでくれる子もいるの。そんな感じで私、いいと思うの。相馬の方の老人ホームにも何回か行ったけど、そこの人、ここさ来て、抱かれるの。認知症の人にも、昔話が一番いいんだって。

昔の話を聞いて、何かを感じとってもらえれば

子どもたちは私に「今日は雅子ばっぱ似合う」とか「めんごい、かわいい」とか、ほっぺさ、つけてくるんだ。何もキジとかサルがどうしてたっていうあらすじを覚えなくてもいいから「はぁ、どっかのばあさんが来て、そういえば何かしゃべってたなぁ。ああいうことは、やってなんねがったんだなぁ」って、感じてもらえればいいと思ってるの。私だって、七十年前のじいさまの話を覚えてるんだから。昔話って、全部口だよ。口承で受け継がれてきたの。なんで残ってきた？いいことだから残ったんだと思うよ。誰かがお月さまを見て「ああ、どういうところなんだべな。行ってみたい」っていう夢があったんだべした。そして今、二一世紀で、はやぶさが飛んだりね。やっぱり子どもたちに言うの。「夢なかったらダメなんだよ。夢見ろ」ってね。

平成二十八年二月六日インタビュー

社会教育、婦人教育に半生をつくす

林《はやし》　久美子《くみこ》　さん

◆昭和11年（1936年） 2月11日生
◆81歳
◆東京市荏原区（現・品川区）出身
◆いわき市（富岡町）在住

平成13年福島県婦人団体連合会の仲間
佐藤栄佐久県知事（当時）と。前列左側が初代会長山本ナカさん

平成25年郡山市ビックパレットふくしまにて
渡部恒三元衆議院議員と

東京市荏原区に生まれる

林久美子さんは昭和十一年（一九三六年）、富岡町で代々続く庄屋の一六代目として東京市荏原区に生まれた。五人姉妹の三女だが、姉二人が幼くして亡くなったため、両親から大切に育てられたという。林家は明治維新前から徳川家の管領地の田を守っていた家柄だが、父の仕事の関係から久美子さんは東京市で生まれた。その後戦争中の強制疎開により、八歳で祖母が暮らす富岡町に帰る。

林さんのふるさと富岡町は、福島県の浜通りのほぼ中央、北は大熊町、西は川内村、南は楢葉町とそれぞれ境界を接しており、気候は夏は涼しく冬は暖かい。中世から近世の時代は現在のいわき市に本拠をおいた「磐城氏」の勢力範囲に属し、幕藩体制の中では岩城領の中に組み込まれた。明治時代に富岡町の基礎ができ、昭和三十年（一九五五年）、現在の富岡町が誕生した。昭和四十年代に入ると、富岡町をはじめとする、福島県の太平洋沿いで原子力発電所の建設が始まる。これによって会社員の町民が生まれ、若者も地元で働けるようになる。発電所のある富岡町になり、町は原子力交付金で豊かになった。

しかし平成二十三年三月十一日午後二時四六分、マグニチュード九・〇の揺れが襲う。富岡町では震度六強だった。一五時二二分ごろ津波第一波が到来。続いて二一・一メートルの大津波が襲った。地震発生から約一時間後、福島第一原子力発電所に巨大津波が襲いかかり、これにより非常用ディーゼル発電機が水没。地震による外部電源喪失に加え全電源を失い、原子炉の冷却ができない事態に陥った。同月十一日夜、政府は「原子力緊急事態宣言」を発令、事故の進行とともに避難指示・屋内待避指示を拡大していった。富岡町は三月十二日、内閣総理大臣が発した「福島第一原子力発電所から半径一〇キロメートル圏内からの避難指示」を受け、近隣の川内村に避難。十五日には内閣総理大臣から福島第一原子力発電所から半径二〇キロメートルから三〇キロメートル圏内の住民に対する屋内退避の指示が出たため、十六日川内村と共に郡山市などに避難した。

食を介した健康づくり

富岡の家は、田んぼを耕作してくれる小作の人が大勢いたので、小作人の小作米で東京で生活ができる、わりあい裕福な地主農家だったんです。私たち一家は東京で不自由のない生活を送ってました。でも戦争が激しくなったので小学校三年生の時、学童強制疎開で祖母の待つ富岡町に帰ったんです。まもなく終戦を迎える時で、今まで築いてきた日本の国がひっくりかえるような大変な世の中でした。毎日の食事にも不自由した時代に、私の家も大きな変化がありました。

終戦直後、我が国の国政をリードしたのは社会党でした。社会党政権になり農地解放によって、私の家の田畑はすべて、耕してくれていた小作人のものになり、財産がすべてなくなったんです。続く新円切り替えによって、持っていたお金も紙くずになりました。そこで私たち一家は東京を引き払い、富岡町で生活の立て直しをはかることになりました。教育制度も変わりました。一二〇人ぐらいいた中学校の同級生は、卒業後、ほとんどが集団就職で都会に出て行きました。高等学校に進学したのは二〇人くらいかな。大学に進学したのは六人だけです。父は私たち三姉妹に人学教育を受けさせてくれたので、私は東京の短期大学に進みました。東京の大学生活はたくさんの知識を身につけることができ、心おどる二年間でしたね。卒業する時は中学校、高等学校の家庭科と保健体育の二級免許証、栄養士の免許証を取得しました。

その頃、世の中がものすごい速度で変わっていったんです。「世の中を知るために、結婚するまで社会勉強のために働いてみるのもよい」と父が言ってくれたので、隣町にあった県立大野病院に栄養士として勤務することになりました。当時、大野病院は結核療養所で、七〇〇人の結核患者と一〇〇人の職員、合わせて八〇〇人の食事を作っていました。抗生物質の薬が一般的でない当時、結核は「死病」と言われていて、結核菌と闘う体力をつけるために、私は高カロリーの食事の献立作りに毎日格闘。病に冒されて食欲のない患者さんに、どうすれば食べてもらえるか。毎日が食事、食材との闘いでした。

その後二年間の病院勤務の実績が認められて保健所に転勤になり、私は栄養技師になりました。保健所の仕事は管内の町村に出かけていき、戦後の食糧難の影響による栄養不足を補う食事、調理方法の指導、病院栄養士の指導をしたり、国民栄養調査をすることです。町村の婦人会の調理実習に行ったり、少しずつ始まった学校教育の指導など、大勢の人と関わって大変だったけれども楽しかったですね。

社会教育と婦人教育に尽くす日々

昭和三十五年に夫と出会い結婚し、いずれ福島県に帰るという約束で、東京に住むことになりました。翌年生まれた長女は気管支の弱い子で、東京のスモッグに耐えられず富岡町にいる両親の元に預けました。ただ、親子が長く離れて暮らすのもよくないと思い、長女が小学校三年生のときに富岡町に帰りました。そして昭和四十六年に待望の二女を出産しました。そんな時、町政の中でも、人づくりに特に力を入れていた富岡町町長から「社会教育に力を貸して欲しい」という話をいただきました。町長と何度か話し合う中で、社会教育の重要性を理解することができた私は、富岡町社会教育指導員として教育委員会に席をおき、町の公民館の現場で仕事をするようになったんです。社会教育法で定められている社会教育指導員は、学校長を定年退職された方々が任命される職種でしたから、私は県内唯一の異端者でした。校長先生たちの任期は二年でしたけれど、私は二〇年勤務したので、その間一〇名の校長先生とご一緒させていただいたことになります。人生経験の豊富な先生方から、実に多くのことを学ばせていただきました。私の八〇年の人生の中で、この時期が最も充実感を感じた時間でしたね。

社会教育指導員をやらせていただいた時、社会情勢が激しく変わる中で、何が一番大切で、私に何ができるかを考えました。その結果「健康作り」「女性問題（婦人問題）」の二本立てで進めていくことに決めました。当時のわが国は平均寿命が延び、世界でもトップクラスになったんです。ですから長寿社会の中で健康で元気に生き抜くためにはどうすればよいかを考え、実践していくことが大切です。

また昭和五十年（一九七五年）の国際婦人年を契機に、婦人の地位向上が大きく動き出しました。婦人という言葉が「女性」に変わり、女性の社会参加、女性の社会参画、女性の行動計画、男女共同参画、男女共生社会作りなどなど、数々の事業を計画し、推進してきました。健康作りを進めていくために町の保健婦さんたちと力を合わせ、町の事業計画に乗せて予算をつけてもらい、町内の行政区（町内会）に、女性の保健協力員と食生活推進員を選抜し、その組織を作りました。

これは県の推進する事業計画と方向性が同じだったので、本当にうまくいきました。当時、県内九十九市町村あった中で、唯一富岡町だけが「献血の日」を設定し、日赤献血車を呼び、多くの町民に献血を依頼したんです。町民に献血の重要性を考えてもらいました。この事業は大きく認められて、一〇年ほどあとに日本赤十字社の副名誉総裁である秋篠宮妃殿下から表彰を受けました。

当時、文部省（現・文部科学省）は、全国一斉に女性リーダーを育成するための事業を展開しました。福島県でも国立磐梯青年の家（現・国立磐梯青少年交流の家）を会場にして、前期四泊五日、後期二泊三日の長期研修を行いました。各市町村から一人ずつ参加し、毎年約一〇〇人の女性リーダーが生まれたんです。彼女たちは研修後、婦人会やＰＴＡ、農協女性部、商工会女性部、交通安全母の会、婦人消防隊などで大きく羽ばたいていきました。私もこの方々と一緒に女性教育を推進する喜びにひたっていました。平成十三年（二〇〇一年）、福島県の福祉課から私に新しい仕事の依頼がありました。富岡町にある知的障害施設の役員に推薦されたのです。その後理事長になり、現在も続けています。

活動する中で、私を導いてくださったお二人の素晴らしい先生にも出会いました。一人は福島県婦人団体連合会会長、全国婦人団体連合会副会長を務められた山本ナカ先生、もうお一人は福祉の世界の手ほどきをしてくださった太田緑子先生です。山本先生からは女性の地位向上について、太田先生からは障がいをもった人々と手をたずさえて、共に生きる社会作りを教えていただきました。お二人とも故人になられましたが、私の心の中ではお元気なまま、いつも叱咤激励してくださってます。

東日本大震災を経験して

二〇一一年三月十一日一四時四六分。東日本大震災。私の住む富岡町は震度七〜六強の揺れでした。幼い頃、地震の時は慌てずに大黒柱の元にいればよいと聞かされてましたので、柱にしがみつくようにつかまっていたのですが、いつまでたっても揺れがやまないので、天井からの落下物を防ぐために座布団を頭につけ、外に出ました。とても立っていられないほどの揺れでした。気がついた時には、庭の一番太い杉の木の根元に、はいつくばってました。揺れが少し収まってから家に入り、テレビをつけましたが何も映りません。電気はとまり、水道も出ません。家族と自分の安否確認のために携帯電話を手にしましたが、何度かけてもつながりません。

翌日、町の消防団の人々が「早く逃げてください。町民のほとんどはもう逃げましたよ」と言いに来ました。「南北ではなく、阿武隈山脈を越えた西に逃げるように」とだけ言って走り去りました。なんのために逃げるのか、避難所がどこかも知らされず、家にあるだけのお金を手提げ袋に入れ、寒くないようにたくさん着込んで、毛布一枚持って、隣の家の車に便乗させてもらい家を出ました。夕方やっと、三春町の廃校になった春山小学校の体育館に入ることができました。そこで見たテレビのニュースに身体の震えがとまりませんでした。興奮気味のアナウンサーが、地震のあとに起きた大津波のこと、福島第一原子力発電所の事故の模様を伝えていました。

一時避難した私たちも、明日どうすればよいかもわかりません。体育館の炊き出しも五日が限度です。私たちは親戚知人などを頼り、避難先を求めてちりぢりになりました。私は障害者施設の責任者です。利用者さんや職員など総勢一〇〇人の避難先を捜すのも大変でした。福島県と三春町の協力で、三春町にある空き施設をお借りすることができました。一ヶ月ほど過ごしたあと、群馬県高崎市にある「のぞみの園」に入ることができました。距離の遠いことをのぞけば何もかも整っていて、利用者さんも職員も安心して生活できる場所を見つけ、私は背負っていた大きな荷物を一つおろすことができました。

だれもが二〜三日で帰れると思っていたのに、あと少しで六年です。まだ避難生活は続いています。親戚や知人の家にお世話になるのは一ヶ月が限度です。転々と自分たちの居場所を求め、ほとんどの人が五〜六回は転居しています。私自身も迎えに来てくれた娘家族と東京で一ヶ月過ごしましたが、富岡には帰れないことがわかり、孫と一緒にいわき市に小さなアパートを借りました。その間、発電所の収束は進まず、明日の双葉郡がどうなるのかも、明日の富岡町がどうなるのかも全然わかりません。私も八〇歳になりました。色々考え、家族とも話し合って、富岡町の家を解体することにし、いわき市で生きていくことに決め、終の住処を求めました。「ここが自分の家だ」と自分に言い聞かせても、まだ少しも落ち着きません。一日も早く、これからの人生設計を立てなければなりません。

今、考えること

福島県の浜通りにある双葉郡は、東は太平洋、西は阿武隈山脈の間を、山と海にはさまれた少ない平地に、小さな二つの村と六つの町が点在しています。町村民の九割が農業に従事していますが、少ない農地ではとても生計をまかなうことができません。毎年十一月から三月までの農閑期は、男の人のほとんどは東京へ出稼ぎに出ていました。東京の下水道、地下鉄は東北の出稼ぎが造ったと言われたそうです。

そんな時、当時の八町村の首長さんたちが東京電力発電所の話を検討し、双葉郡の太平洋沿岸は岩盤がかたく、原子力発電所設置に好条件であること、原子力発電所設置は国の大きな電源三法交付金があることなど、条件の良い話がたくさんあって設置に踏み切ったと聞いています。もちろん放射能とか原子力とは、目に見えない恐ろしいもの、原爆との違いは？など不安を感じる町民も数多くいましたが、「原子力の平和利用である」「双葉郡が日本の科学エネルギーの礎になる」など、一方的な電力会社側の安全神話に惑わされているうちに、どんどん建設工事が進み、原子力発電所設置地区になってしまいました。

　確かに八町村、どこも立派な役場庁舎ができ、体育館や野球場、文化施設などが建ちました。町村民の家計が豊かになり、農家はすべて兼業農家になり、大型機械による土日農業になりました。教育レベルも向上し、高校生の約半数以上の生徒が、大学もしくは専門学校に進学しています。しかし原発の建設工事が終わり、各町村が電源交付金を使い切ってしまった時は、どの町村にも同じような施設があるけれど、町村民が本当に必要とする総合病院や大学などはできませんでした。相変わらずＪＲは単線。南から北につながる国道六号線と高速道路があるだけの交通事情の貧しさから、地域発展はのぞむべくもなく、双葉郡は、東京方面に電力送電するだけの地域でしかありません。

　三・一一の震災後、いったん停止した全国の原子力発電所の再稼働が話題になっています。我が国のエネルギー事情で、どうしても原子力発電所が必要なら、福島で起きた事故のために影響を及ぼしたすべてのことをクリアしてから稼働すべきだと思います。二度と私たちのような思いをする人たちがいないようにです。双葉郡が今後、どんな形で生き残るのか。八人の首長さんたちが力を合わせ、生きる道を探してほしいと思います。いつまでも「私の町が」「私の村が」と言っていたのでは、いずれの町も村も中途半端。ライフラインの整った、住むのに心配のない場所にならないと思います。双葉郡がまとまれば、双葉郡に住んでいた人たちは、すべて「私の町」になるのではないかと思います。

避難してネオン輝く街に住み
我が家で眺めた星空思う

大空に一際輝かるその星を
母と定めてひたすら祈る

平成二十九年一月二十二日インタビュー

写真をやり続けたから今がある

写真撮影を担当した「原町市史」を手に

大槻《おおつき》　明生《あきお》 さん

◆昭和9年（1934年） 2月15日生
◆82歳
◆原町（現・南相馬市）出身
◆南相馬市在住

カメラコレクションの一部

昭和28年写真クラブの仲間たちと。左から3人目が明生さん

原町空襲を経験して

大槻明生さんは昭和九年（一九三四年）、原町（現・南相馬市）で八人兄弟の七番目として生まれた。父は国鉄（現・JR東日本）職員だったが五〇代で亡くなる。大槻さんが高等科に進んだ頃、原町に空襲があった。昭和二十年（一九四五年）二月十六日のことである。米機動部隊が原町陸軍飛行場と隣接する工場地帯を攻撃、原町紡織㈱では死者四名を出した。八月の空襲では、工場の一部を残しほぼ全焼。生地や製品は約一週間、終戦の八月十五日まで燃え続けた。

原町紡織㈱は、戦前は陸軍被服廠関係と特免品の染織加工や製織を主に行っていた。昭和二十一年（一九四六年）に農村向け木綿やスフ、麻などの染色加工や製織をし、輸出を目指して工場の一部の運転を開始した。しかし昭和四十一年（一九六六年）四月、営業成績が芳しくないことを理由に、青木染工場㈱に営業譲渡される。繊維工業から企業内容を変更したが、昭和五十二年（一九七七年）四月に閉鎖。跡地は生協団地となり、現在は住宅地になっている。

原町紡織㈱に就職
燃えた工場の片付けから始まった

私が入学したときは原町尋常小学校。それが四年生ぐらいになった時に、戦争が近くなってきたから国民学校に変わったわけ。国民学校っていうのは、小学校六年まであって、そのあと二年間高等科があったの。高等科二年になる時に「新制中学」に変わったんだね。その中学校が現在の原町第一中学校だね。私らは原町一中の第二回目の卒業生なの。当時、高校に行ったのは、ほんとに三人くらい。実力があっても収入の面で上の学校に行くのは厳しい時代だったから。親父は亡くなっちゃったし、そんなに裕福な家庭ではなかったのね。当時は仕事もあまりない時代だからね。同級生もほとんど高校に行かないで原町紡織㈱に入りました。

昭和二十三年（一九四八年）の中間から会社に入ったけれども、仕事の内容としては燃えた工場の片付けをしたり、いろいろです。全部原町の空襲でやられちゃったから、本来の仕事はできないんですよ。会社には染織課と織布部課《しょくふぶか》とあったんだけども、私がいたのは反物を織る織布部課でした。焼けた織機を全部直して、燃えたやつは豊田織機（現・株式会社豊田自動織機）の本社から送ってもらったりしたね。最後は五〇〇何台かを全部稼働したんです。そういう仕事がメインでした。終戦で工場も焼けちゃったけど、最終的には全部復興、各部門を戻したんだよ。

カメラ人生の始まりは二〇歳

写真が始まったのは昭和二十九年（一九五四年）。きっかけは原町紡織㈱の工場長が写真好きだったの。それでカメラクラブを作ったの。私がいた部門は、当時はだいたい一五人くらいいました。終戦が昭和二十年だから、その頃カメラもあまりない。それで資成堂《しせいどう》っていう、時計とか眼鏡とかいろいろやっていた店に、会社として現金で一括で支払う。で、我々は月賦で買ったの。月賦って言葉、今ではあまり聞かないけど「何回払い」っていう払い方ね。当時は一日働いて三五円だった。給料が全部カメラ代だったかどうかはわかんない。ただ、みんな二〜三年でクラブを辞めちゃって、最後までやったのは私くらいでした。

当時、東京でカメラショーってあったんですよ。東京が本社だから工場長が東京に行くと、カメラが好きだからカメラショーに回って。カタログもらってくるでしょう。自分が見終わると、私がいる現場に工場長が持ってくるんですよ。工場長なんて普通は一対一でお話しするなんてことは、ほとんどない立場でしょう。私はカタログをいただいて。それが楽しみでね。あとは会社や労働組合で式典をやると、式典の写真はほとんど私が一人でカメラ持って、あっちにいったり、こっちにいったり。写真係をやったの。

自宅にたくさんのクラシックカメラを保管

一番先に購入したのがパールのⅢ型っていう、コニカという会社の蛇腹のカメラなんですよ。パールⅡ型っていうのもあるんだけど、私が購入した時はもう、パールⅢ型に、次のカメラになっていて。もちろん自動ではないから露出、絞り、シャッター、全部自分でやるんですよ。このカメラは三五ミリのカメラと違って、六六版といって幅が六センチなんですよ。ネガでいったらみんな六センチの判。四角の写真になる。だから写真を見ると「これは二眼レフで撮った」とかすぐわかるんですよ。写真のサイズでカメラがわかる。普通は三五ミリからいって、六六判にいくのですけれども、私の場合は高くて手が出なかったんです。うちの会社の工場長は三五ミリ一眼レフの「ニコンＦ」を持ってたんです。これは（価格が）高くて手が出ない。

カメラの保管は、穴の開いたナイロンの袋に入れて輪ゴムでしばって。除湿器があるので、その中に入れておく。自分が使ったカメラは愛着があるから、私は全部取ってある。だから最初に買ったパールなんて、今でも持ってます。あとは昔のカメラ、みんな使わないでしょ。地域の知っている方から「もう処分するかと思ってたんだけども、役に立つならば」って、半分はいただいたものです。

十年間、市役所の市史編纂室の手伝いも

正式な名前は調査協力委員という形です。南相馬市博物館の市史編纂室で原町市史を作っているんです。原町市政五〇周年を記念して市史を作ることに決まったのね。その関係で平成十一年（一九九九年）から一〇年ちょっとマイクロ撮影の仕事をしました。マイクロフィルムで古文書を一ページ一ページ全部撮影して、

記録に残すということをやりました。マイクロカメラって、特殊なカメラで、ちょうど高さが一メートルでピントが合うっていうカメラなんですよ。上にカメラがついていて、それを上げ下げする。だから下に置いた原本とレンズまでの距離が一メートル。たとえば厚い本を撮影する場合は本の厚さの分、上にあげてとか。常に一メートルの間隔で撮影をする。

原町市史は一一巻作るんですけど、あと二巻残ってるの。私が撮った写真も原町市史の中にあるんですけど、「野馬追い」の写真関係はほとんど私が担当したんです。鎧や兜の持ち主の家に行って撮るの。鎧兜を調査する人、つけて箱の上に組んでいく人とか大体五～六人で行くんですよ。組み終わると私が撮影する。一般家庭に行って撮るんだから、撮影条件はバラバラ。鎧が入っている箱あるでしょ。組んでいる台があるのね。下に布を敷いて組むんですけれども、スクリーンを下げるでしょう。ストロボたくと、どうしても影がでる。鎧の影に三脚を入れて「ヒカル小町」っていう小さなストロボをつける。甲冑の後ろの影を消すために、同時にストロボをたいて工夫しました。

撮影した写真を全部使うのではないんです。市史というのは永久保存だから、鎧もセットになっていないといけない。だから三年間撮影に歩いたけれども、市史にはほんの一部しか入っていないんです。たとえば原町市史には鎧兜のセットが一九〇数点ありますよね。でも実際は三〇〇以上撮影しているから。あとは三年かかったといっても、一年を通して撮影はできないんです。野馬追いが終わるわね。そうすると鎧は虫干しする。そのタイミングを見て、しまう前に撮らせてもらう。

大槻さんは、福島民報社が主催する「福島民報ふるさと記者」の創生期からのメンバーの一人でもある。現在は三〇〇人以上いる「ふるさと記者」も、平成十六年（二〇〇四年）に大槻さんを含む四五人でスタートした。当時は南相馬市の鹿島地区まで担当していたという。大槻さんが取材し、福島民報に掲載された記事は六〇記事以上にものぼる。

相馬野馬追いの撮影に長年かかわってきた

毎年ずっと野馬追いの写真を撮ってる。始めてから休んだことは一回もない。昭和四十八年（一九七三年）に「東京転勤」って言われた時は「ああ、これで撮影も終わりか」って思ったんです。だから突然社長から「行ってこい」って言われた時は、うれしかったなぁ。野馬追いの撮影に来る人はたくさんいる。ただ中村城の三の丸には一般の人は入れないんです。三の丸っていうのは殿様が支度をする場所で、形だけの食事をする儀式があるの。そこには通常カメラマンは入れないんです。でも私は三の丸に入っての記念写真の撮影依頼ももらったの。

日本報道写真連盟南相馬支部に所属
現在は顧問役を

日本報道写真連盟は、新聞社のアマチュアカメラマンのクラブみたいな感じだね。めいめいの新聞社がクラブを持ってるの。私らは、毎日新聞系のクラブなんです。今は支部長を辞めて顧問をやってるんですけれども。年に一回、クラブのメンバーで写真展やってるんです。今年は三七回目に入るわけ。普通の団体で三七回も開催するのはすごいことだから。クラブ員は今、一二人かな。このくらいの人数が一番まとまりやすい。最初は七~八人いたんだけれども、だんだん減って四人に。それでもやめなかったんですよ。

昔ノムラっていう大きな店があったんだけど、そこで写真展をやったのが皮切りです。一回も休まないで現在まできてるんです。やっぱり個人個人の考えもしっかりしてないと、途中で「解散」につながってしまう。だから、こっちから会員になってくれっていうことは絶対言わない。会に入りたいっていう人に入会してもらう。今、一番若い会員さんは小学生のお父さんかな。

町の記録となる写真を残してお役に立ちたい

南相馬市管内に震災後、津波でやられたところの慰霊碑が地域ごとに建っているのね。それを写真に撮って、その地域で亡くなられた方の人数や名前、津波の高さを記録しておきたい。みな慰霊碑に入っているのね。それを全部メモして、まとめようとしている。それから福島県内の常磐線の駅を全部撮って、一つのものにまとめたい。震災当時の写真と現在の写真をセットにして。バリケードがあって駅に入れない地域があるから、まだちょっと時間がかかるかもしれないけれど。町の資料として、将来記録を残さなければいかんという、そういう気持ちからきているわけ。誰からも頼まれていないけど「自分がやらないと誰がやるんだ」という気持ちでやってるんですよ。それを私は希望をもってやってます。そういう考えでいるから、一年間があっという間に終わってしまう。だからやる仕事がいっぱいある。今やっと展示会が一つ終わったけれども、クラブの展示会もやらなきゃいけないし、死ぬまで身体が動く限りやりたいっていう感じ。それで町の記録となる写真を残して、お役に立ちたい。

一度決めたらフラフラしないでやり通す

写真やってても「これが最高」ていうのはない。死ぬまでのぼり続けるみたいな感じかな。だから、あっという間なの。よく若い人に言うんだけれども「飽きないで、しっかりと、最後まで、できるだけ続けたほうがいいよ」って。会社勤めでも、嫌になったらやめる人がいるけど「くるくる変わったんではだめだよ」って。趣味だってそうだよ。書道だって、絵だって。だからしっかり考えをもって、これ一筋にやることだね。

平成二十八年二月二十二日インタビュー

長寿社会の地域活動が人生の転機

妻ミネ子さんと自宅庭で

小湊《こみなと》　保《たもつ》さん

◆昭和6年（1931年）8月28日生
◆84歳
◆石川町出身
◆石川町在住

昭和19年初等科卒業時。一番上、左から2番目が保さん

平成26年度福島県「いきいき長寿県民賞」授賞式にて

弟妹の世話をし、親の手伝いをしながら成長

石川町は福島県の中通り南部、阿武隈高地の西側に位置し、総面積一一五・七一平方キロメートルである。一二世紀の前半、源有光が石川荘を建て、子孫が石川氏として繁栄した。江戸時代は会津領、続いて白河藩領となり、幕府領となって幕末を迎えた。明治維新後、河野広中や吉田光一らによって結成された有志会議・石陽社を拠点とする自由民権運動発祥の地でもある。また石川地方は岐阜県苗木・滋賀県田ノ上と共に日本三大鉱物産地の一つとして知られ、なかでもペグマタイトから産出される鉱物は、結晶の大きさや美しさから日本随一といわれている。なお石川地方から産出される鉱物の発見・研究者として名高い森嘉種は、学校法人石川義塾の初代校長でもある。

小湊保さんは昭和六年（一九三一年）、石川町で男四人、女一人の五人兄弟の

長男として生まれた。上の兄弟が下の子どもの面倒をみるのが当たり前だった当時、保さんも四人の弟妹の世話をしつつ、親の手伝いをしながら成長する。保さんの家は分家だった。当時、本家を継ぐ長男以外の男子は、本家から田畑などの財産を分けてもらって分家した。しかし保さんの父親は田畑をもらうことなく、本家から独立した。田畑を分家に分けるゆとりがなかったからである。当時は貧富の差も激しかった。保さんは裕福な家に生まれた子どもが、周りの大人たちからちやほやされる場面を見ながら育った。

ほんとうは学校の先生になりたかった

ちょうどその頃、終戦間際で、親父は勤労奉仕隊というのかな。軍では石川郡沢田村（現・石川町）に飛行場（沢田飛行場）を作る予定だったの。親父はその頃、勤労奉仕隊に招集されていたからうちにいなかったの。親父は兵隊ではないんだけど、大工をやってたから建設の手伝いにひっぱられて留守だったの。ちょうどおやじの留守の時に、俺が小学校六年生だったのかな。大工の親父がいれば、大工としてあとを継がせるつもりだったから当然「だめ」って言われるんだけど「これ幸い」と思って母親を説得して、今の学校法人石川高等学校の試験を受けたの。小学校六年で受けて、高等科一年、二年と三回受けられるから。で俺は、小学校六年で受けた。そのとき正式に合格したのは二人、補欠で入学したのが一人で、三人しか入学しなかったんだ。挑戦はしたんだけんども、見事に落選しました。

負けず嫌いだった少年時代

うちの母親は、学問は全然わからなかったんだけども「保『書けずとも、読めさえすれば学者なり』」と、そういうことを言ったんだよね。だから母親は二宮金次郎じゃないけれど、必ず本を持って歩ってるぐらいだったんだな。だからことわざとか、そういうことを話した人だった。だから俺は書くのはいいかげんでも、本を読んでいる回数は同級生でも負けなかったね。遊び友達はみんな三つくらい年上の人たちばかりだから、同い年くらいの人より、なんでも先取りしてた。

小学生の頃かな。貧富の差が激しかったから、裕福な家の息子らは先生も注目していたけども、俺らは貧乏人だったから無視されちまう。だから授業中に先生の話聞かないで、わざとこう、後ろを向いて同級生と話したりしてた。……というのは、本を読むのだって誰にも負けなかったけど、先生からは指されなかった。だからわざとふざけてたんだ。すると先生が「保、立って、今のところを読みなさい」って言ったばぃ。俺「待ってました」って。名指しされたからパッと立って、スラスラと読んじゃった。ダメだと思ったら堂々とやっちゃったばぃ。で、先生がっかりしちゃった。

妻ミネ子さん：今はそういうことはないけどね。昔は親が偉かったり、金持ちの息子だったり、そういう人の子どもらは注目されたから。先生も、貧乏で困っている子どものことなんか「これはできねえんだから。どうせバカなんだから。銭もないから」なんていうような考えで見てたんだっぺ。相手にしないっていう感じだったたんだ。堂々と発表されちゃったから、先生もド肝をぬかれちまったんじゃないの。その話、いつも子どもらに言って聞かせたりしてるけどね。

終戦後、親を手伝って大工になる

そして今度は終戦になったたし、おやじの手伝いで大工になった。うちが貧しかったから俺は小学校六年しか出てない。だから仕事さ行っても、仕事先の旦那さんにはかわいがられたね。たとえば寒い時に道具研ぎなんかやってると、旦那さんがお湯を沸かして持ってきてくれる。二〇歳になって「俺は他人の飯を食うから」ってわけで、東京さ出て工務店に就職して。入ったときは身体ちっちぇかったし相手にされないけど、一年過ぎてくらいからはもう、社長が契約するときでも「立ち会え」って言われてかわいがってもらった。東京に二〇年くらい行ったかな。結婚してからも行ったからね。

妻ミネ子さん：昭和三十一年（一九五六年）の十一月に結婚したの。結婚して私はここさ、来たっぱい。十一月下旬だったから、正月こしたらそのまま東京さ、行っちゃったんです。で、百姓やりながらお舅さんと一緒に牛活して。じいさんは大工さんの仕事あっぱい。だから母ちゃんと私が田舎で百姓仕事。今みたいに機械使わないで鍬でやってね。嫁に来た頃は大変だったねぇ、やっぱり。旦那がいないところで舅さまに使えて。この人は、昭和四十三年（一九六八年）生まれの子が生まれてから帰ってきたの。

東京では、何でも自由にできたかな。仕事の内容は田舎の仕事より楽だったよ。田舎では丸太を預かって削ることからやっていたからね。昔の作法でやっていたから、技術は東京の大工ができないことをやっていたね。でも昔の大工は技術はよかったけど、材料使いとか重量計算とか考えなかった。旦那さまから「この材木使って、こうやってくれよ」って言われて「はい」って受けて。けれど俺は建築基準法（昭和二十五年制定）を重んじてやっていたから。「こういう時は、これだけの材料を使わなければなんねえ」っていう考えでやってたから、やれる仕事はみんなと全然違っていたね。

建築基準法っていうのは、たとえば、ここからここまで二軒（四メートル）あるとする。すると四メートルあるところに、どれだけの材料を使わなくちゃだめだというのを建築基準法で決めてあるの。田舎の大工っていうのは、あるだけのものを使ってやっていたから。

あとは耐震工法だね。建築基準法の基本は頑丈に造ることなの。たとえば昔は筋交いなんていらなかったでしょう。田舎ではそういうことをやらなかったから。田舎のやり方は与えられた大きくて長い材料を、そのまま使ってやるというやり方なの。自分のうちの山の木を切ってやるからね。あとはデザインも違う。見た目もかっこいい。俺はいつも「これだけの材料使って、何ができるか」っていうことを、いつも考えて、人よりも先取りしていた。だからこの辺の大工は、俺の仕事を見て、みんなマネするようになっちまったの。

昭和四十三年（一九六八年）に石川町に戻る

「そろそろ帰ってこないか」と言われたのと、この辺で道路拡張工事があるので、俺の仕事をわかっている人が「道路拡張で新しく家を造り直さなければならない」という手紙をくれたこともあった。当時大工は少なかったんだよ。それで東京にいる時、いわきの知り合いの大工に誘われて東京から二人連れてきたのかな。あとは石川町の大工のほとんどに声かけて小学校をやったことがあるの。一番大きな仕事はそれだったよ。多くて三人くらいで家を作っていたな。一軒建てあがるまでは一年はかかんない。半年では無理だな。

昔はなんでそういうふうに時間がかかったかというと、丸太を山から切ってきて、まず大工が建て主の依頼を受けると、建て主の持ち山さ行って「これは何」「これは何」って木どりっていうのをやるの。そして今度は木挽きがそれを倒して「これは何さ使える」とか「長さは何尺」というようにしてやったから時間がかかった。製材は製材所の人を頼んで、そこの家のところまで行って製材したんだ。それで上棟式なんて、何十人も集まったの。今は全然そういうこと、やんないよ。今の大工さんは、上も下も関係なく木を使う。俺らは同じ寸法でできたって「この木は上ば使う」「こっちは下ばする」とか、木を見て使う。

「震度五強」を記録した石川町 しかし保さんが手がけた家屋は無事だった

（東日本大震災の）地震があっても変わりなかったって、みんな喜んでました。

土台から頑丈にうまく造ったたってね。仕事に手を抜かないで、建築基準法通りにやるってことがよかったたんだな。だからお客様が「この材料使ってやってくれ」って言われたって、「ダメだ」って言うから。「そういう時は、これだけの材料使わなきゃダメだ」っていう考えで、言うことをきかなかったから。あとはやっぱり、お客様に認められて先に頼まれるようになったたんだな。大工を辞めるまで「仕事をやらせてください」と頼んだことは一回もないから。それが自慢だね。

平成十三年（二〇〇一年）、七〇歳で大工引退

福島医科大学で脊髄手術をやってから、体力が落ちてできなくなったの。だから身体の中にパネルが入っているんだ。結局職業病なの。高いところなんか、屋根の上から落っこちるのなんか五回くらいやってっから。だけどもネコと同じで、二階の屋根の上から落ちてきたって、着地すっところを決めて落ちるって感じだ

から。たとえば途中に、一階の屋根に障害物あっぱい。それさぶつかると大変だから、それさ蹴っ飛ばして着地するの。だからけがしたことはないの。ただ一回だけ、後ろ向きに足場から落っこっちゃって。その時ばかりけ入院した。だから辞めると決めた時も、別になんとも感じなかった。もう年だし、跡継ぎはいないからってことだね。子どもはいっけども、大工やるっていうの一人もいない。今はみんな大きい会社にやられちまうから。だから俺らのこの地区でも、建築専門にやってるのは二人しかいなくなっちゃった。

引退後、老人クラブに参加
地域の老人クラブ会長にも

まずは玉川村で五〇〇人くらい集まった講演会を行ったの。老人クラブは六〇歳から組織されているから「この人には入ってもらわなきゃ、しょうがねえな」

という人を見つけるの。大体退職して六〇歳以上の人や六五歳あたりの人に声をかける。最初から「長寿会に入れ」とは言わないで、長寿会の健康活動とかスポーツ活動などを紹介して、最終的に入ってもらえないかと誘うの。そういうことも、東京での大工時代に全国建設労働組合なんかの集まりで、人をひっぱって歩いたり、まとめたりするのが好きだったのかな。

長寿会の活動をするようになってからは、いかにみんなを楽しくさせて地域のためになるかという考えが一番。人になんて言われようと自分で努力して、みんな仲良く生活できるような組織の活動を大事にしているの。人のためにつくすという考えでなかったら、自分も一人前になれない。自分のことを優先してやったでは、なにやったって組織を維持していくのはそれしかないと思ってがんばってる。だから一ヶ月のうちの半月は、ほとんど家にいないから。

元気の秘訣は好奇心

八〇歳になってからパソコンを覚えたの。みんなの世話をしていると、文章をやらないといけない。石川町では公民館ではなく自治センターがあるが、そこのセンター長に「俺は書くのが苦手なんだから、パソコンを覚えたい。パソコン教室を立ち上げてくれ」とお願いしたの。そしたらば「じゃ小湊さん、一〇人くらいいまとまんなきゃだめだ」って言われて「まかせとけ」って周りに声をかけたら、一〇人どころじゃない、二五人くらいになっちゃって。それで初心者と、多少わかっている人とに分かれてやったわけ。五〇歳くらいの人が中心で、俺は一番年上だった。自分に必要なところだけでいいと思って辞めたけど、教室は今でも継続してる。毎日、今日の福島民報の一面記事を書き、自分でやったことや女房が何をやったかを書いているよ。

内助の功に助けられて

農業やってるけど俺、全然農業手伝わねえから、全部ばあちゃんが一人でやってる。極端なのは食事の時に野菜が出てくるでしょう。めずらしいものが出てくると「誰が持ってきたの」って俺、聞くわけ。そうすっと怒られるの。「目の前さ作ってるのに、その気がねえからわかんねえ。もらったんじゃないよ、私が育てたやつだ」ってばあちゃんから。でも俺だけ家をあけて、人の世話ばっかりやってるのに、ひと言も「また出かけるのかい」って言われたことないんだから。暦に予定がぎっちり書いてあんべ。でも暦見るの忘れてっから。するとばあちゃんから「何か書いてあるんでねえの」って言われるの。そうすっと「あっ、そうだ」って思い出したり。ばあちゃんがいねえと、今の俺はないよ。一人ではなんにもできない。

平成二十七年十二月二十四日インタビュー

震災がなければ隠居していた

浜風商店街「シューズショップさいとう」で

斉藤《さいとう》キ《き》ヨ《よ》子《こ》 さん

◆昭和5年（1930年） 9月11日生
◆85歳
◆安達郡岩代町（現・二本松市）出身
◆いわき市在住

浜風商店街「シューズショップさいとう」店頭で。長女洋子さんと

浜風商店街全景（平成29年3月閉店）

津波に遭うが、急死に一生を得る

斉藤キヨ子さんは昭和五年（一九三〇年）、安達郡岩代町（現・二本松市）で瓦屋の長女として産まれた。五人兄弟の二番目である。国民学校の高等科を卒業後、洋裁を習うために上京したキヨ子さんは、縁談の話を機に帰郷。同町出身の寿雄《としお》さんと結婚した。夫の寿雄さんは双葉郡久之浜町（現・いわき市久之浜）で商売をしていた。

平成二十三年（二〇一一年）三月十一日一四時四六分、マグニチュード九・〇、震度六弱の大地震が発生した。一四時四九分に気象庁が大津波警報を発令。キヨ子さんが住む、いわき市久之浜町付近の海岸には一四時五〇分頃、津波第一波が、一五時四〇分頃、第二波が到達。久之浜海岸部には推定八・七メートルの津波が押し寄せた。

地震発生時、自宅兼店舗に一人でいたキヨ子さんは、地震によって倒れたものを片付けているところだった。その最中、第一波の津波が家の中に勢いよく入ってきた。キヨ子さんの身体は、がれきにおおわれながら水の上で浮いたり、沈んだりした。引き波によりキヨ子さんの身体が、がれきの上にちょこんと乗る形になった。そのタイミングで母の名前を呼びながら助けに行った長女、洋子さんに発見される。洋子さんは「もっと大きな第二波の津波が来るぞ！」と言う消防団員の制止を振り切って、母がいる自宅に向かったのだった。洋子さんの決死の救護により、キヨ子さんは九死に一生を得る。

東日本大震災による地震・津波被害と原発災害に加え、直後に発生した火災により住宅七一一戸が全焼した久之浜町。街の復興に向けていち早く立ち上がったのは商店主だった。同年九月、我が国最初の復興商店街「浜風商店街」がオープンする。商店街には長女洋子さんとキヨ子さんが営む「シューズショップさいとう」も出店。キヨ子さんは視察客や買い物客に震災当時の体験を語りながら、店番をする日々を過ごしている。

母の仕事を手伝っていた子ども時代

私らの時はちょうど戦争だったの。父の家のすぐ近くに本家があって田んぼと畑を作ってた。そこを少し分けてもらっていたの。父は瓦屋をやっていたけれど、仕事が終わると家で百姓やっていたから、食べ物には不自由しなかったんですね。ゴボウでも大根でも、なんでも作るのが好きだったんです。

私ら五人兄弟は、兄貴の下に女三人、男一人いたんです。子守もしました。小学校さ行く時は、おんぶして行きました。下に妹や弟がいる同級生はいっぱいいて、みんな弟や妹をおんぶしてくるから、私だけじゃなかったの。学校の先生もわかってて、「背負っている妹や弟が泣いたりすると「外でおぶさってきなさい」って言ったんです。毎日おんぶして登校したわけじゃないですよ。家に特別の用事があるときだけです。

私は長女だったから、家のことは何でもやってたんです。お母さんが畑さ行ったなんていうと、食べ物のことは私が全部やって。学校から帰ってくれば、家のことは手伝うもんだと思っていたから、小さいときは遊びに行ったってことはないね。あの頃はみんなそうだったんです。

学校は国民学校の初等科を六年まで行って、あとは高等科に一年行ったの。そのあと戦争が始まったでしょう。うちのお母さんは田んぼを作っていたけど、お母さん一人じゃやれないでしょう。兄貴は兵隊にとられちゃったし、お父さんは瓦屋の仕事をしなけりゃ食べていけないでしょう。だから長女の私は田んぼさ行ったり、サツマイモを作ったり、カボチャを作ったりしたの。それで私より三つ下の妹は、うちにいて留守番をしていたの。その下に弟もいたからね。

地元出身の夫と、お見合いで一緒になって

　恋愛ではないわね。お見合いでしょうね。学校を卒業後、うちの仕事をして東京に一年二年行ってきたんだわ。洋裁を習ったので、そこで二〜三年勤めてたら「今度縁談があるから、帰ってくるように」って言われて帰ってきたの。私の親が働き者の寿雄さんを気に入って「この人なら間違いないから」って思ったんだって。だから、旦那になった人を初めて見たのと同じなのよ。昔はみんな、そうだったのよ。結婚したのは私が二三歳で、お父さん（寿雄さんのこと。以降同じ）が三三歳だったから。お父さんは、元は満州の鉄道に勤めていて、兵隊に行ってた時は教育係をしてたみたいですね。で、戦争が終わって帰ってきたんだけど仕事がなくて。鉄道に勤めても食べていけないと思って、たまたま親戚が下駄屋さんをやっていたので下駄屋を始めようと思ったって。その頃、下駄はすごく売れた

んだよね。

最初は斉藤下駄屋だった

お父さんは兄弟がいっぱいいたから四倉に来て、仙台屋さんていう下駄屋さんで働いていたの。そのあと「自分で下駄屋をやらなきゃ」って思って久之浜まで来たんだって。ちょうど空いている家が久之浜にあって、そこで商売が始まったの。「斉藤下駄屋」かな？当時は「下駄屋」って言えば、うちだとわかっていたから、長年「下駄屋」でやってたんだよね。私は鼻緒の立て方もわからずにお嫁にきたんだけども「こういうふうにやるんだ」って教わったの。お父さんが下駄の作り手。私はすげるばっかりに鼻緒を作って。鼻緒は東京から仕入れたの。

当時は靴なんてないから、たくさん下駄をすげておいたって、みんな売れちまうんですよ。履き物は下駄だけだったんですよ。毎日履いてぐから下駄が減っちゃうでしょう。だから毎朝二〇足くらい下駄をすげておくんですよ。忙しかったよ。うちも子どもが三人いたでしょう。下駄はすげなきゃなんないし、子どもの世話もしなきゃなんないし。下駄をやっているうちに時代の流れで「草履とかも置いたらいいでしょう」って、草履も置いて。

朝は五時起きだったから。子どもたちに、ご飯をちゃんと食べさして学校に行かせたから。まぁ若かったから「こんなもんだ」と思って一生懸命働いたんじゃないの。あっははは。

具合が悪くても、頼る人はいなかったね。私の母は、お産の時には二日か三日は来てくれました。家からバスや電車を乗り継いで、平さ泊まってと。結構大変だったね。自分のうちのこともあったでしょうから母も忙しかったかもしんないよ。あっははははは。だけども隣近所の人はいい人ばかりで。昔は家に風呂もなかったでしょう。「お風呂さ入りな」とか、なにかしら言ってくれた人がいっぱいいいました。やっぱし久之浜に縁があったのかな。

忙しくも充実した日々だった

その頃は小学校から中学校までの学校用品も扱っていたでしょう。登校時間に合わせて店を七時に開けて、夜は八時までやってたの。それが朝「上履きくださ い」とか「ジャージください」とか電話かかってくるんだよねぇ。中学生になると、ズックの紐通さなければなんないでしょう。「おばちゃん、紐通しておいてね」って言われるでしょう。だから紐も通してあげて。店は開けておいて「はいよー」って言って、やってあげたの。お願いされるの、一人や二人じゃないからね。今は子どもの数が少なくなったけど、昔は大勢子どもがいたでしょう。

うちも女の子ばかりだったから、台所から何から手伝ってくれたからよかったと思うよ。おかあちゃんは店のほうにいるものだと思ってるから。久之浜にお嫁に来て、もう六二年になるのだものね。自分の実家にいるよりも、久之浜の生活のほうが長いんだものね。年に一回お父さんと一緒に旅行する以外は、私は家からほとんど出なかったんですよ。震災になってから新潟に四〇日くらい行ったり、広島にいる娘のところに行ったりしたから。それが楽しみかな。

人好きで面倒見のいい夫。病の夫を支えて。

うちのお父さんて、人の面倒をみるのが好きなのよ。それで商工会や学校の会合などに、しょっちゅう行ってたの。だけど、人のためにやってくれるんだからいいと思って、私は家にいたの。冠婚葬祭などのおつきあいは、みんなお父さんが行ってくれるし。お父さんは、そういうことが億劫じゃないんだから。自分でしゃっしゃっしゃっと行ってくれるんだから。だからお父さんが亡くなってから大変だったのは、出かける用事もしなきゃならないことだったね。お父さんは、ほんとに人好きで人の世話をして。でも商売のことはきちっとやっていたからね。

お父さんは糖尿病だったし、九〇歳で亡くなるまで、八〇歳から一〇年ぐらいは看たかなぁ。でも医者さ連れていくのもなんでも、洋子（キヨ子さんの長女）がやってくれたから。「お母さん、留守番してて店やってね」って言ってくれて。私はお産の時に寝ただけで、あとはほんとに病気したことないんだよね。でもうちのお父さんは、具合は悪くても頭はさえてたから。寝たきりっていうのは一か月かそこらかなぁ。亡くなったのは悲しいけれども「あれもやってあげた。これもやってあげた」と思っているから悔いはないよね。今も毎日仏壇に線香と、ご飯あげてぐっから。「お父さん、行ってくるよ」チンチンチン～ってならしてね。だからまぁ、幸せに暮らしたほうだべね、あたしもお父さんも。

自分の年令を考えて靴屋をやめようと思っていた

うん、もう食べるための商売はやめて、誰か来たらば、お茶飲ませてやってという生活をしたいなあと思っていました。だけども、まあ、ここで（浜風商店街で）店番やらせてもらえるのはうれしいですよ。「そんなに年取ってまでやってることないべよ」って、みんなに言われるけれども。ここに来て、みんなしてお茶のみしているのがいいのよ。こうしてはいるけれども、考えることばっかりだもんねぇ。困ったなぁなんて思ってるけども。でも、ここまでよくやってきたと思うよね。五年もね。あっはっはっはっ。

平成二十七年十二月八日インタビュー

うどん打ち名人は、父親譲り

自宅庭の畑でダイコンを収穫

芳賀《はが》　サト《さと》 さん

◆大正15年（1926年）3月11日生
◆89歳
◆宮本村（現・古殿町）出身
◆古殿町在住

うどんを打つサトさん

平成10年古殿町にて
郷土のおやつ「ゆで餅じゅうねん和え」づくりの講師を
中央がサトさん

林業のまちで育つ

芳賀サトさんは大正十五年（一九二六年）、宮本村（現・古殿町）松川馬場で八人兄弟の一番上として生まれた。サトさんと一番下の妹とは二〇才年が離れている。

古殿町は昭和三十年（一九五五年）三月三十一日、宮本村と竹貫村が合併して古殿村が誕生し、さらに平成六年（一九九四年）古殿町になった。サトさんが生まれ育った地域は宮本村、現在は旧宮本地区と言われている。「古殿」という名前は合併の時に、総鎮守である古殿八幡神社の所在地である「古殿」から取った。

町は福島県の東南部、阿武隈山系の標高三〇〇～五〇〇メートルに位置する典型的な中山間地域である。総面積一六、三四七ヘクタールのうち、森林面積は一二、四七〇ヘクタールと町の総面積の八割が森林である。そのうち七、三一六ヘクタールが民有林で、森林面積の五割を占めている。このような環境の中、林業に従事する者も多く、町には現在も八軒の製材所がある。

八人兄弟の一番上、しっかり者で大家族を助けた

小学三年の頃は、昔の鍵のある囲炉裏みたいなところでご飯を食べました。長女ですから子守りもやりました。農家が忙しい時は、背にひな（妹か弟の意味）さ背負って学校に行って、一時間か二時間でまわって帰ってきた。学校は一日あるけど、家の手伝いで帰ったこともあります。学校終わって帰ってくると、山へきてたの。そうしたらば、妹と一緒に薪拾いに行くの。秋の冷え込む頃は寒かったでしょう。妹は「寒いから（うちへ）行くべ」って。一本も木を切らずに帰るのね。だから妹の分まで木を拾ったな。

サトさんが育った時代の子どもは、尋常小学校を卒業すると高等科に進む。た

だし当時は高等科に進学するために、村に四〇銭支払わなければならなかった。また高等科を卒業すると女学校に進むが、女学校に行くためには隣町である石川町まで行かなければならなかった。

尋常小学校に六年通って高等科に二年。高等科になると男女別教室だったの。そっから女学校さ、あがる人は五人くらい。女学校は今の高校だ。私は女学校までは行かない。頭のいい人も行かなかったよ、あの頃は。

サトさんは学校を卒業後、しばらくしてから近所にある材木店に勤めた。サトさんが当時勤めていた製材所は地元でも規模が大きなほうだった。女性従業員は六名いた。運ばれてきた材木を製版する工程では、長さごとに切り分ける。サトさんは切り分けた材木を束ねる作業をやっていた。材木に製材所の名前が刷られているのを見たことがあるだろうか。これを「看板」とよぶが、看板を刷るのは女性たちの仕事だった。

一二尺（一尺は約三〇センチ）とか一三尺とか。長さによって選別して、束切って。六本くらいかな。六本くらいを一つにして荒縄でしばって看板を書いて。板の幅を次から次へと刷って、厚さ何センチって測って書いて、次の所に送るようにするんです。看板をちゃんとそろえて私が置いてってても、間違えて別の看板を刷っちゃう人もいたの。

製材所の社長の紹介で、夫の浪次さんと一緒になる

（夫は）東京さ、軍事工場に行ってた。二年かそこらで敗戦になったでしょ。で帰って、こんだ、いろんなことやってるうちに工場さ、いるようになった。で、社長の奥さんが（私と同じ）松川馬場の生まれだから、社長の紹介で一緒になった。結婚するときの写真なんてないよ。終戦後だもの。何にもないでしょう。私のお父さんが結婚式の料理、作ったの。お母さんもやったけど、お父さんが料理好きだったの。お父さんが手打ちうどん作ったの。下の妹の結婚式の時は私が炊事したの。

料理好きのサトさん。なかでも手打ちうどんは材木店に勤務していた頃から、毎週土曜日になると作り、ご近所にふるまっていた。昨年（平成二十六年）心臓にペースメーカーを入れてからは、若干回数が減ったものの現在もうどん作りは続けている。

手打ちうどんは実家のお父さんだの、お母さんがやってたの。子どもの頃はお父さんが（うどんを）ぶっていたから。普通にご飯の代わりに、うどん粉で打って、汁に入れたり、主食にしていた。どういうきっかけだか忘れたけど、やってたんだ。料理は好きなんです。テレビの料理番組も好き。材料なくてもなんでも見るの。買い物さ、行かないから、あるもので、いろいろやります。

夕飯はご近所さんと一緒に

外に出ることができない方がいて、夕飯作って二人で食べてるの。あとは晩酌。

日本酒も大好き。一合と決めているの。猪口さ、グイッとは飲まないよ。ゆっくり飲むからね。つまみながらゆっくり。テレビ見ながら。こないだ新聞さ、石川町の一〇〇歳の人出たでしょ。その人、郡山のうすいデパートに二回くらい買い物に行くんだって。「ならば一〇〇歳まで生きてていいな」って思った。そのおばあちゃんも、ほどほどに酒飲むんだって新聞に出てった。

一〇年続いた浪次さんの介護食も自分で工夫

（夫が）病院に入院した時に、とろとろしたものが出てきたでしょ。魚でも、なんでも自分でミキサーでやれば、こういうふうになるんだってマネして。電子レンジも使いました。今度息子二人がうちに来るんです。煮しめなど出すと下の子は「かあちゃん、ほっとする」って言うんだ。母の味なんだね。

長い人生、苦労もあった

仕事でつらかったりということはなかったです。でも仕事さ来ている人に、勝気の強い人がいたんです。なんていったらいいのかな。やっかみが強い人がいたんです。その時はストレスでしょうね。朝、食ったものがみんな消化しないの。そういう時代がありました。あとは別に困ったことはない。子育ては荒波くぐってます。一番下の子は、川さ流れたことがあるの。たまたま川っぷちにいた人が見つけてくれたの。それで助かったの。四人子どもがいたけど、一人亡くなりました。二番目の男の子が。

サトさんは一人暮らしだが、ご近所との交流があるから安心して暮らしている。頼まれて、隣家の牛乳店の店番をすることもあるほどだ。サトさんが周りから信頼されているのにはわけがあった。

他人のことは悪く言わないこと。人の悪口言わないこと。だから、何聞いたって、私は何も言わないよ。だから、昨年の春かな。隣の奥さんが入院した時に留守番頼まれっかい。その時、はる子さん、しげおさんに言って医者さ行ったとき「サトばあさんは人の悪口、ひとこともいわねえんだ。ああいうばあさんになりたい」って。うふふ。

サトさんは新聞も毎日欠かさず読んでいる。また新聞の折り込みチラシで鍋敷きを作ったり、棒針やかぎ針を使った編み物で指先を動かしたり、おいしいものを作ろうと思ったりしている日々。サトさんの元気の秘訣は、旺盛な好奇心にあるといえる。

平成二十七年十一月五日インタビュー

戦中、戦後の混乱期を生きてきて

山歩きや歴史講座の舞台、高寺山を背景に

古川《ふるかわ》　利意《としい》 さん

◆大正13年（1924年） 12月1日生
◆89歳
◆高寺村（現・会津坂下町）出身
◆会津坂下町在住

平成24年「地域文化功労賞」表彰状を手に妻キミノさんと

山歩きをしながら植物や歴史の案内をする利意さん

七人兄弟の長男、厳しくも大切に育てられた

古川利意さんは大正十三年（一九二四年）、高寺村（現・会津坂下町）に、七人兄弟の長男として生まれた。六人の弟妹のうち、弟と妹が一歳ほどで亡くなっている。利意さんは妹四人の中の男の子として、厳しくも大切に育てられた。お話は軍隊入隊後から教員時代、退職してからの遺跡の発掘調査の頃を中心に語っていただいた。

「人生二〇年」といわれた時代を生きて

昭和十四年（一九三九年）小学校高等科を卒業し、農家の長男だったので会津

農林学校の入学試験を受けました。ただ当時は学力よりも体力の時代で、身体の弱かった私は入試に失敗。ようやく入学できた大沼実業学校は青年学校令の学校でした。毎朝四時に起きて、峠を越えて駅まで一時間歩いたの。午後は農作業で、慣れないうちは過労のために学校を休んだこともあったけど、この労働のためなのかぐんぐん体力がついたの。大沼実業学校を二年で卒業すると、県立の青年学校教育養成所に入学。卒業後、耶麻郡の青年学校に赴任しました。

私が小学校に入学した昭和六年（一九三一年）に満州事変が起きて、昭和十二年（一九三七年）七月には日中戦争（当時は支那事変）がはじまり、戦火は拡大してついに昭和十六年（一九四一年）太平洋戦争（当時は大東亜戦争）となり、昭和二十年（一九四五年）に敗戦になりました。

物心つく頃から「非常時日本」が叫ばれ、「進め一億火の玉だ」とおだてられ、「がんばれ敵も必死だ」と励まされ、そして「撃ちて止まん」から「一億玉砕」となっていく時代。男は「人生わずか二〇年」が合い言葉だったんですね。幼いときは身体が弱く、気が小さくて泣き虫だった私も、軍国少年となり「人生わずか二〇年」を覚悟していた時代でした。

「どうせ兵隊になるのなら志願しよう」と思った利意青年

「長男は戦争に行かずにすんだ」という話は明治時代までです。学校の先生も招集されました。戦争は激しくなり、学徒動員や徴兵検査は一年繰り上げて一九歳からになり、私は甲種合格になりました。この年の夏、特別甲種幹部候補生という制度ができました。特別甲種幹部候補生というのは予備士官学校に入り、一年の訓練を受けて見習士官・陸軍少尉となり、下級指揮官を養成するものです。私は志願し、合格。昭和十九年（一九四四年）十月に前橋陸軍予備士官学校に入学。翌年六月に卒業しました。実は私たちは沖縄要員だったんです。卒業の時、校長閣下の訓示に「諸士の住むところは洞窟である。身辺を潔くせよ」とありました。しかし当時、すでに沖縄に渡る船舶がなく、私は水戸市の東部三七部隊に配属となり、かろうじて助かりました。

前橋陸軍予備士官学校は、群馬県前橋の相馬原にありました。元は盛岡にあったのですが、榛名山の山麓を吹きすさぶ嵐のような寒風が、シベリアの気候に似ているということでここに移ったそうです。十月十日に入学したら赤いご飯が出てきたので、入学祝いに赤飯かと思ったら高梁飯《こうりやんめし》でした。それも量が少なくて。激しい訓練に耐える若者にとって、とても満足できるものじゃありません。八貫目（三〇キログラム）の俵をかついで走る競争では、入学した頃は区隊一番だった私も、一カ月ほどでみるみる体力が衰えるほどでした。

予備士官学校で迎えた昭和二十年の正月は、一切れの餅を燃えないストーブの上で焼いたものでした。戦局がどうなっているのかわからず、それでもタブロイド判の表裏一枚の新聞から、容易ならぬ事態になっていることは、うすうす感じていました。同期生の中には特別操縦見習士官に志願し、特別攻撃隊として、敵艦に体当たりする日、学校の上空を何度も何度も旋回して翼を振って去って行った者もいました。在学中決死隊の志願があり、妻帯している一人を除いて全員が志願したことを覚えてます。

水戸市東部三七部隊で終戦を迎える

前橋陸軍予備士官学校を昭和二十年六月に卒業し、士官勤務見習士官として水戸東部三七部隊安達隊に配属になりました。中隊の見習士官室には先任見習士官一人、同期の見習士官が三人でした。当番兵がついて、食事・洗濯・靴磨きなどすべてやってくれます。任務は初年兵の身上調査や演習の指揮などがありました。演習は通称タコ壺という、一人用の塹壕に入って、小さな鏡で地上をのぞき、敵戦車が近づくと爆雷を持って壕を飛び出し、敵戦車のキャタピラに投げ込む演習でした。まさに「陸の特攻」の訓練でした。

七月頃には茨城県日立市、勝田市などに艦砲射撃があり、米海軍軍艦は、沖合近くまで侵入している頃でした。水戸市は敵の上陸が予想される鹿島灘をひかえ、対戦車戦闘にも熱が入りました。敵艦から飛び立つグラマン戦闘機の機銃掃射は、ほとんど毎日でした。

八月二日は水戸空襲で、市街地はほとんど焼け野原になりました。市街地の整理に兵隊を引率して行き、防空壕の中の遺体を掘り出しました。幼い子どもを抱いた母親、それをまた抱いた父親の姿は、昔、学校の理科室にあった、筋肉の人体標本を目のあたりにしたようで、涙も出ませんでした。

八月六日に広島、九日には長崎の原爆投下、ソ連の参戦、ポツダム宣言の受諾、十五日の玉音放送と続きました。この頃私は週番士官(注)で、しかも消防司令を勤務し、運良く助かったのが不思議です。敗戦から一ヶ月後にようやく復員。勤務していた耶麻郡関柴村青年学校に復職しました。

終戦一ヶ月後に復員。価値観の急変に無常観を感じる

昭和二十年の九月、復職した関柴村青年学校は先生も生徒も健在でした。徴用によって磐城市などの工場に行っていた生徒たちも帰ってきました。しかし、以前のような素直さはなく、なにかすさんでいました。小学校の教科書は敵性語や戦意高揚などの部分、国体の記述などには、黒々と墨が塗られました。軍隊の予備校だったような青年学校は廃校も同然でした。あまりにも変わった世の中に、教育者としての自信をなくし、昭和二十一年（一九四六年）三月に退職しました。結婚し、百姓になりました。

退職してしばらく農業をやっていたら、県立の坂下高等女学校の校長先生が訪ねてこられて、農業の先生になってくれないかと言われました。私は百姓をやってたから断ったんですね。ところが断ってもおいでになるので「劉備三顧」のた

とえもあると、お受けすることにしました。下駄をはいて峠を越え、約八キロメートルの道を歩いて通いました。

昭和二十二年（一九四七年）頃、ようやく本屋に本が並びました。そこで見つけた『自然・人間・社会』という本に感動しました。地球の誕生から生物の発生進化、そして人類の誕生、原始共産制社会から王権の発生、封建社会・資本主義社会への発展の様子が科学的に描かれていたのです。「これこそ本当の歴史だ」と、学校の行き帰りに読みながら歩きました。しまいには本を綴じた糸が、バラバラにほぐれたのを綴じ直して読みました。これが私の大きな転機でしたね。

考古学への憧れ

昭和二十二年（一九四七年）に占領軍の命令で学制が改革されて、六・三・三制が発足し、国民学校は小学校六年となりました。今までの制度に、新たに中学校三年が義務教育として加わりました。新制中学校は発足したものの、校長と生徒だけで、先生はいない、校舎もない始末でした。ここでも請われて私は、片門中学校に赴任しました。

この頃、文部省から『くにのあゆみ』という日本史の教科書が発行されました。そこには旧石器時代から縄文時代、弥生時代、古墳時代と原始社会から貴族の社会、そして封建社会と変化発展していく日本の歴史がありました。特に感動したのは弥生時代の登呂遺跡の発掘成果と、その時代の絵が描かれていたことです。

昭和三十年代、新聞に西会津町の上野尻遺跡が発掘調査され、籾痕の土器が発見され、会津の稲作が証明されたことが出ていました。この遺跡を発掘したのは、耶麻高等学校野沢校舎（現・西会津高等学校）の若い先生でした。私はこの先生と同じ学校に勤めることになり、ここで考古学の手ほどきを受けることになったのです。

実は私の高等学校の免許証は「農業」だったものですから、将来のことを考えて小学校に移りました。耶麻郡の小学校に勤務していた頃は食糧増産のかけ声のもと、畑や山林原野が水田に生まれ変わっていきました。当時、戦車を改造したブルトーザーが出回り、一瞬のうちに畑や原野が水田となっていく時代でした。おこされた土の中には、たくさんの土器や石器が露出していました。土曜、日曜日は児童と一緒に一輪車を押して、このような土器石器を拾って歩いたのです。昭和三十九年（一九六四年）、この時の成果を、ガリ版に印刷して福島県考古学会で発表しました。

その頃、会津若松市では大塚山古墳の発掘があり、畿内の古墳にも劣らない副葬品に日本中のみんなが驚いた頃でした。まもなく『会津若松市史』が発行され、それに東北大学の伊東信雄先生が、私の報告書を参考文献として載せてくれました。「こんなことが役に立つんだ」。私はますます考古学にのめり込んでいきました。やがて弥生時代の再葬墓の発掘で論文を書き、念願だった日本考古学協会の会員になりました。五五歳の時です。この頃は農地の基盤整備事業が盛んな頃で、破壊される遺跡地の調査が緊急の課題でした。私は定年を待たずに五八歳で教職を辞し、以後、遺跡の発掘に専念することになります。

遺跡の発掘を通して発見したこと

考古学という学問は「物から歴史を考える」学問です。物があれば大学の先生とも対等につきあうことができます。私のように戦時中生まれで、勉強したくてもできなかった者にとって考古学は自尊心をもつことができる学問でした。

定年を待たずに発掘に従事した私は、まず高郷村の縄文時代の遺跡「博毛遺跡」の発掘に取り組みました。そこは県道の候補地で破壊される遺跡地でした。縄文時代の土器や石器、古墳時代の住居跡、得体の知れない石組遺構などが出土するたびに知識の乏しさを改めて感じました。そこで私は考古学に関する図書や報告書を手当たり次第に購入して勉強しました。若い頃ならすぐに覚えられることが、六〇歳近くなってからでは限りがあります。発掘主任の私より、調査員として関わった若い研究者がどんどん知識を豊富にしていくのに焦りも感じました。こうして発掘した遺跡は会津坂下町、只見町、三島町、山都町など、およそ六町村にわたり、遺跡数は八〇カ所にのぼります。しかし時代の変化と共に、破壊される遺跡の数は少なくなりました。七五歳を迎える頃には町村史の執筆などに追われるようになりました。

元気の秘訣は好奇心と歩くこと

「人生わずか二〇年」と思っていたのが、今卒寿を迎えました。振り返ってみると「禍福はあざなえる縄の如し」であり「人生万事塞翁が馬」であると思います。小学校卒業後、希望する会津農林学校に合格していたら、一生百姓で終わったと思います。それどころか兵隊にとられて、おそらくはシベリアに行き、命が危なかったと思います。不合格だったために教員養成所に入り、予備士官学校に入学でき、沖縄要員ながらも、命を長らえることができました。考古学にしても、会津農林学校から西会津高等学校に移ったために、考古学の先生と出会い、私の一生の宝となりました。西会津高等学校では、片道約一〇キロの道を歩きました。歩くのが好きで、山登りの友達と山歩きも楽しみました。四一歳で同僚の全日本スキー連盟公認指導員の先生から、冬の間は七年間毎日スキーを教えてもらい、一級になりました。

「なんでもやってみよう」興味あるものには、本気で挑戦することが長生きの秘訣ですね。

平成二十七年十一月十九日インタビュー

（注）週番士官とは

軍隊における軍紀や風紀の取り締まりや火災や盗難の予防などを目的とし、土曜日の正午から翌週の土曜日の正午までが勤務期間となる。週番司令の指示の下、中尉〜准尉または曹長が中隊の取り締まりにあたり、人馬の員数の確認・兵舎その他の巡察・週番下士官への巡察命令等々を行う。

あとがきにかえて

「人生の先輩たちの声を集めてみては」と歴史春秋社、阿部社長からお声がかかったのは平成二十六年（二〇一四年）の夏でした。「誰もが一冊の本が書けるほど、素晴らしい人生をおくっている」とは、私が所属している（一社）自分史活用推進協議会が提唱していますが、いずれの方も素敵な人生を歩んでいらっしゃいました。ご自身の人生を語っていただいたお礼も兼ね、改めてここでご紹介させていただきます。

はじめてＡＫＢ84のことを知ったのは『福島県民23人の声』（歴史春秋社刊）でお話を伺った田村市常葉振興公社の吉田吉徳さんからでした。動画を見た時は、世間一般でいう「おばあちゃん世代」の方々がＡＫＢ48を踊る姿が新鮮でした。

しかも、とっても楽しそうだったのです。取材にあたりネットで検索したところ、沖縄県小浜島《こばま》在住のおばあちゃんたちで結成されたダンス&ボーカルユニット「小浜島ばあちゃん合唱団」を発見しました。あとがきを書いている平成二十九年（二〇一七年）二月現在は、郡山市西田町のばっぱちゃんたちが、オリジナル曲のもとダンスを披露されており、地元郡山市を中心に活動をひろげています。福島県においてＡＫＢ84のみなさんは「元気なばっぱちゃんたちの先駆け」と言ってもいいのではないでしょうか。

矢祭町の専業農家、鈴木義一さんは、今回登場された方がたの中で最年少ながら、幼い頃から農業を継ぐことを心に決め、実直に歩まれてきた人生を淡々と語ってくださいました。ことに林業について語るとき、話に力が入りました。「農業」は、地域の特性によって力を入れている部分が違います。終戦直後と現代の矢祭町の農業の変遷を話してくださったことに改めて感謝いたします。

五〇代まで中学校の美術の教師をしていた若杉儀子さんは、現在会津坂下町にある廃校を「里山のアトリエ坂本分校Atelier Noko彫刻村」として復活させ、地域の人たちの交流の場にしています。戦後生まれの儀子さんが、会津坂下町ですごした少女時代から教師時代の思い出を、明るく生き生きと話してくださった印象から、坂本分校に人が集まるのは、チャーミングな儀子さんの人柄を慕ってなのだと感じました。

飯田教郎さんにお会いしたのは、いわき市で定期的に開催されるまちづくりの対話のイベントの席でした。四人グループになって、自分自身の思いを語る場で、飯田さんは最年長でした。ところが休憩時間になると、おやつや飲み物などを積極的に持ち込んで、グループの雰囲気を盛り上げている姿に驚きました。隅々まで目が行き届く方だなぁという印象の飯田さんが、歩んできた道を知りたくてインタビューをお願いしました。

大内紀男さんが会長を務める「ぐるっと湖南・伝承会」のことは、七〜八年前から知っていました。少子高齢化が進む郡山市湖南町をなんとかしようと、活発に活動されている紀男さんの、その情熱の源や湖南への思いをじっくり聞きました。湖南町が抱える少子高齢化という課題は、日本各地で起こっている現象です。この課題を地域に住む人たちがどうとらえ、どう行動を起こせばいいのか。紀男さんのお話を通して考えていけたらと思います。

紺野雅子さんが住む東和町は、阿武隈山系の北部に位置し、なだらかな起伏や丘の続く地形です。幹線道路から丘の上をのぼった場所に雅子さんの自宅がありました。お話の中に水くみの大変さを語るシーンがありましたが、この景色を見ると当時の農家さんのご苦労を実感します。養蚕農家の嫁業、冬期の役場勤め、そしてヘルパー業務、介護と、いくつもの仕事をこなしてこられた雅子さん。「私はよく働いたのよ」と笑顔で語る姿に小柄な身体に宿った強靱な精神を感じ、そのご体験が今、語り部として生きているのだと思います。

林久美子さんとお会いしたのは、いわき市で開催した自分史教室でした。「自分史を作りたい」とお仲間を誘い、キラキラした瞳で講座に参加されたのですが、回を重ねるごとに「自分史ってどう？」「やっぱり私には書けそうもないわ」と言われましたが、一方で、チャーミングにご自身の人生を語るのが印象的でした。社会教育に生きた人生、そして原発災害による避難経験や思うことなどを語っていただきたいとお願いしました。

大槻明生さんは、一〇代の頃からカメラを趣味とされ、今も現役のアマチュアカメラマンです。カメラの話になると、つきることがありません。「カメラ以外のことに出会っても、今まで続けられましたか」とお尋ねしたところ「私はカメラしかやってこなかったから、ほかのことはわからない」とひと言。愚問を反省しました。ご自宅に伺い、私が撮影する時もさりげなく光の入り具合を教えてくれる。根っからのカメラ好きの明生さんでした。

石川町に住む小湊保さんは、手作りの立派な庭と、大震災の時にもびくともしなかったという、ご自身が建てられた自宅で迎えてくださいました。ニコニコ笑いながら話す保さんの隣で、同じく笑顔の奥様が印象的でした。働き盛りの年代を都内に単身赴任されて一家の家計を支えた日々。舅・姑に仕えながら、留守宅を支えた奥様の存在が大きかったのでしょう。保さんは福島県の「いきいき長寿県民賞」を受賞されていますが、きっかけは奥様の内助の功に感謝しての応募だったとか。ご夫婦、共に仲良くお暮らしください。

斉藤キヨ子さんには、復興商店街「浜風商店街」の取材・執筆をしたときにお会いしました。三・一一の地震の時に母、キヨ子さんの命を救おうとした長女洋子さんの必死の救助のお話は、何度聞いても胸がじーんとなります。浜風商店街オープン後も、洋子さんがキヨ子さんを大切にされている様子を見聞きし、震災後のご苦労もたくさんあったけれど、親子の情愛に触れられたインタビューでした。

『福島県民23人の声』に登場した古殿町在住の小澤啓子さんは、地域の高齢者から伝承料理を教わり、次世代に引き継ぐ取り組みをされています。芳賀サトさんも伝承料理の伝え手のお一人です。突然の私たちの来訪にもかかわらずサトさんは、子ども時代のことから語ってくださいました。話が弾んだのはやはり料理に関すること。ご主人の介護食やうどん作りについて話される時、表情が生き生きしていました。新聞で知った一〇〇歳の方のことを将来の自分像に見立てて語るなど、人生に対して前向きなのは、ひとり暮らしでも周りに信頼できる方がたくさんいらっしゃるからなのでしょう。サトさんからは暮らしに関する心得を教わりました。

「くま先生」。古川利意さんの教え子さんは、愛情を込めて利意さんを、こう呼びます。利意さんの変わらぬニックネームなのだそうです。教職の傍ら、会津地域の古墳の発掘に従事した利意さん、手伝いをする教え子さんたちは「子ぐま隊」と呼ばれたそうです。会津生まれの一定の年代の方はみなご存じの古川利意さんを、今回紹介してくださったのも教え子さんのお一人でした。戦争が日常だった利意青年の青春時代。「人生二〇年」という考えが、厭世的な生き方につながった時代があったことを、現代に生きる私たちは決して忘れてはなりません。

お会いした方々に共通して感じたのは、「人生に対して前向き」であること。年令にかかわらず明るく毎日をすごすことが、健康につながるのだと思いました。最後になりますが、ここに紹介したみなさんと出会えたのは、紹介者のご尽力あってこそでした。いろいろな形でお世話になりました。改めて感謝いたします。ありがとうございました。

（一社）自分史活用推進協議会認定
自分史活用アドバイザー・マスター
武田　悦江

◆参考文献

会津坂下町史第三巻通史編　会津坂下町
石川町史第二巻　通史編2　近代・現代　福島県石川町
石川町自分史グループ　二十一世紀への伝言　石川町自分史刊行会
ぐるっと湖南　ぐるっと湖南伝承会
郡山の歴史　郡山市
自分史活用アドバイザー認定講座2016年改訂版　(一社)自分史活用推進協議会
十大ニュース　平成元年―　福島県立図書館資料
東和町史第3巻　資料編Ⅱ近代・現代　東和町
富岡町「東日本大震災・原子力災害」の記憶と記録　富岡町
農山村振興における地域調査活動の可能性：福島県郡山市湖南町を事例に　札幌学院大学経済論集　佐々木 達
原町市史第七巻　資料編Ⅴ現代　南相馬市
東日本大震災から1年　いわき市の記録　いわき市
ふくしまの20世紀　福島民報社
福島民報年鑑2015　福島民報社
未来へつなぐ「いわき」ものがたり　いわき市

◆参考サイト

会津坂下町郷土学習副読本　―坂下学のすすめ―
http://www.town.aizubange.fukushima.jp/soshiki/30/3120.html

石川町HP　http://www.town.ishikawa.fukushima.jp/

近代日本の教科書の歩み　滋賀大学付属図書館　http://goo.gl/6KlM7n
http://goo.gl/x9K1qt

小浜島ばあちゃん合唱団　http://kbg84.jp/

週番士官とは　http://akabasa.blogspot.jp/2015/09/blog-post.html

全国老人クラブ連合会　http://zenrouren.com/about/index.html

統計から見た我が国の高齢者（総務省）　http://www.stat.go.jp/data/topics/pdf/topics97.pdf

富岡町HP　http://www.tomioka-town.jp

株式会社　豊田自動織機HP　https://www.toyota-shokki.co.jp/index.html

博物館学習指導の手引き（野馬追の里 原町市立博物館）
http://is2.sss.fukushima-u.ac.jp/fks-db/txt/10079.102.haramachi/index.html

福島県の高齢者の数（65歳以上人口）～「敬老の日」にちなんで～
https://www.pref.fukushima.lg.jp/uploaded/attachment/132628.pdf

古殿町HP　http://www.town.furudono.fukushima.jp/

古殿町林業活性化プラン　http://www.town.furudono.fukushima.jp/file/6678/20150402133508.pdf

矢祭町HP　http://www.town.yamatsuri.fukushima.jp/

◆写真提供（敬称略）

飯田　教郎　大内　紀男　大槻　明生　小澤　啓子（芳賀サトさん）

小湊　保　紺野　雅子　鈴木　義一　林　久美子

古川　利意

◆取材協力

石川町教育委員会教育課生涯学習係

福島民報社　編集局

素晴らしい人生の先輩を紹介してくださったみなさん

西暦	和暦	世界、日本の出来事	福島県の出来事	「人生いろいろ」の人々の出来事
1924	大正13	国際連盟総会「ジュネーブ議定書」採択	郡山市市制施行	古川利意さん高寺村（現・会津坂下町）で誕生
1925	大正14	衆議院、普通選挙法案を修正可決	県下初のメーデー（郡山市）	
1926	大正15 昭和元	大正天皇崩御	川俣線開通 紡績・製糸工場でストライキ	芳賀サトさん宮本村（現・古殿町）で誕生
1927	昭和2	南京事件、第1次山東出兵	生糸暴落により生糸業者・銀行つぶれる	
1928	昭和3	三・一五事件	野口英世西アフリカで没	
1929	昭和4	世界恐慌が始まる	県立図書館開館・蚕糸業の不況	
1930	昭和5	浜口首相が狙撃され重傷	岩瀬・西白河・伊達・信夫各郡で小作争議	斉藤キヨ子さん岩代町（現・二本松市）で誕生
1931	昭和6	満州事変勃発	猪苗代湖畔にオランダ人故ファン・ドールン銅像建立	小湊保さん石川町で誕生
1932	昭和7	満州国建国、五・一五事件	海外移住者相次ぐ	
1933	昭和8	日本が国際連盟脱退	救農土木工事	

西暦	和暦	世界、日本の出来事	福島県の出来事	「人生いろいろ」の人々の出来事
1934	昭和9	室戸台風	水郡線全線開通	大槻明生さん原町（現・南相馬市）で誕生
1935	昭和10	相沢事件	小学校教員の給料遅配	
1936	昭和11	二・二六事件、西安事件	防空演習実施・満州開拓移民団始まる	林久美子さん東京市荏原区（現・品川区）で誕生
1937	昭和12	盧溝橋事件、南京占領	川内村のモリアオガエル繁殖地が国の天然記念物に指定される	
1938	昭和13	国家総動員法公布	特高警察課設置	
1939	昭和14	第2次世界大戦勃発	信夫郡湯野村をトップに乳幼児検診が始まる	紺野雅子さん木幡村（現・二本松市）で誕生
1940	昭和15	日独伊三国同盟調印	福島民友新聞が、福島民報に吸収される	大内紀男さん台湾（現・中華民国）高雄市で誕生 飯田教郎さん小名浜町（現・いわき市）で誕生
1941	昭和16	太平洋戦争始まる	県内銀行合併・東邦銀行創立	古川利意さん（15歳）大沼実業学校卒業
1942	昭和17	ミッドウェー海戦	若松歩兵二九連隊ガダルカナルで玉砕	

西暦	和暦	世界、日本の出来事	福島県の出来事	「人生いろいろ」の人々の出来事
1943	昭和18	ガダルカナル島撤退	県師範学校と女子師範学校を統合、官立福島師範学校男子部・女子部となる	古川利意さん（18歳）福島県立青年学校教員養成所本科卒業
1944	昭和19	マリアナ沖海戦、学童疎開	県立女子医専設立 東京より学童疎開	若杉儀子さん広瀬村（現・会津坂下町）で誕生 林久美子さん（8歳）富岡町に強制疎開 小湊保さん（13歳）大工修業開始 古川利意さん（19歳）特別甲種幹部候補生として前橋陸軍予備士官学校入学
1945	昭和20	広島、長崎原爆投下、終戦	郡山・平・原町空襲 白河高女性14名爆死 連合軍郡山・福島・若松へ	古川利意さん（20歳）水戸東部37部隊配属 大内紀男さん（5歳）終戦により安積郡月形村に帰郷
1946	昭和21	天皇の人間宣言	福島民友新聞が復刊	鈴木義一さん石井村（現・矢祭町）で誕生 古川利意さん（21歳）結婚。教職を辞すが、のちに復職
1947	昭和22	日本国憲法施行	只見川電源開発計画発表 初代民選知事選出 県立女子医専が県立医科大となる	

西暦	和暦	世界、日本の出来事	福島県の出来事	「人生いろいろ」の人々の出来事
1948	昭和23	帝銀事件、昭和電工事件	県高校体育連盟が発足	大槻明生さん（14歳）原町紡織（株）に就職
1949	昭和24	湯川秀樹氏ノーベル賞受賞	平事件 松川事件	芳賀サトさん（23歳）結婚
1950	昭和25	朝鮮戦争勃発	磐梯朝日国立公園指定	芳賀サトさん（24歳）長女出産
1951	昭和26	サンフランシスコ講和条約	新安積疏水完成	小湊保さん（20歳）上京・工務店に就職
1952	昭和27	血のメーデー事件	第7回国体開会	斉藤キヨ子さん（23歳）結婚
1953	昭和28	阿蘇山大爆発、内灘闘争	奥只見電源開発工事始まる	芳賀サトさん（27歳）長男出産
1954	昭和29	第五福竜丸事件	原町、須賀川、喜多方、常磐、磐城、相馬に市制施行	大槻明生さん（20歳）社内にできた写真クラブに入る
1955	昭和30	森永ヒソミルク事件	会津若松市誕生、町村合併が盛んに	
1956	昭和31	日ソ国交回復	会津只見線開通	林久美子さん（21歳）福島県職員になる 小湊保さん（25歳）結婚
1957	昭和32	国際連合加盟	花嫁移民ブラジルへ、東北の第一号	芳賀サトさん（31歳）二男出産

西暦	和暦	世界、日本の出来事	福島県の出来事	「人生いろいろ」の人々の出来事
1958	昭和33	東京タワー完成	二本松市制施行 小名浜港一万トン岸壁完成	紺野雅子さん（19歳）結婚
1959	昭和34	皇太子ご成婚	磐梯吾妻スカイライン開通 田子倉発電所完工	
1960	昭和35	安保条約反対闘争	チリ地震津波被害	林久美子さん（35歳）結婚・退職
1961	昭和36	ベルリンの壁	会津若松市で第16回国体夏季大会開催 相馬港起工式	林久美子さん（36歳）長女出産 芳賀サトさん（35歳）三男出産
1962	昭和37	キューバ危機	梅雨前線で水害	
1963	昭和38	ケネディ大統領暗殺事件	松川事件全員無罪確定 白河市馬市廃止	大内紀男さん（33歳）建機メーカーに就職
1964	昭和39	東京オリンピック	国道四号線舗装完了	飯田教郎さん（33歳）早稲田大学卒業 鈴木義一さん（18歳）県立東白川農商高校卒業
1965	昭和40	朝永振一郎がノーベル賞	県人口200万人割る	紺野雅子さん（36歳）役場の臨時職員になる
1966	昭和41	ザ・ビートルズ来日	いわき市誕生	
1967	昭和42	イタイイタイ病、羽田闘争	新国道六号線完成	若杉儀子さん（23歳）福島大学教育学部卒業・下郷町立中学校勤務 紺野雅子さん（38歳）運転免許を取得

西暦	和暦	世界、日本の出来事	福島県の出来事	「人生いろいろ」の人々の出来事
1968	昭和43	学園紛争、三億円事件	東北本線全線複線となる	小湊保さん（36歳）石川町に戻る
1969	昭和44	アポロ11号月面着陸	集中豪雨被害	
1970	昭和45	大阪万博、三島由紀夫事件	県文化センター開館	林久美子さん（35歳）富岡町に戻る 大槻明生さん（36歳）原町市の「広報写真コンクール」で特選受賞
1971	昭和46	ニクソン・ショック	常磐炭鉱閉山	林久美子さん（36歳）二女出産・富岡町社会教育指導員／保健協力員会長／食生活改善推進員会長になる
1972	昭和47	浅間山荘事件、沖縄返還	「福島県史」完成	
1973	昭和48	金大中事件、オイルショック	あぶくま洞オープン	鈴木義一さん（27歳）コンニャク栽培からイチゴ栽培へ切り替える 紺野雅子さん（34歳）舅を看取る
1974	昭和49	長嶋茂雄引退	東京電力福島第一原子力発電所2号機が営業運転	
1975	昭和50	ベトナム戦争終結	東北自動車道全通	
1976	昭和51	ロッキード事件	福島県庁汚職、知事ら逮捕	
1977	昭和52	日本赤軍日航機ハイジャック	台風被害	大槻明生さん（43歳）勤務する会社の解散により退職。自営業に

西暦	和暦	世界、日本の出来事	福島県の出来事	「人生いろいろ」の人々の出来事
1978	昭和53	成田空港開港	宮城県沖地震、福島市で震度5	紺野雅子さん（30歳）役場の臨時職員を退職
1979	昭和54	初の共通一次試験	東京電力福島第一原子力発電所6号機が営業運転	
1980	昭和55	イラン・イラク戦争勃発	県人口200万人台に回復	古川利意さん（66歳）日本考古学協会会員に。福島県立博物館資料調査員に
1981	昭和56	中国残留孤児初来日	民間テレビ福島放送が開局	
1982	昭和57	ホテルニュージャパン火災	原町無線塔の取り壊し終わる	
1983	昭和58	大韓航空機撃墜事件	草野心平が国の文化功労者に選ばれる	小湊保さん（52歳）石川町谷地区長に 古川利意さん（68歳）定年を待たず教職を退職
1984	昭和59	グリコ森永事件	県立美術館・図書館が落成	
1985	昭和60	日航ジャンボ機墜落事故	東北新幹線上野乗り入れ	
1986	昭和61	チェルノブイリ原発事故	県立博物館が落成	林久美子さん（60歳）夫を看取る
1987	昭和62	国鉄民営化、暗黒の月曜日	「牧場の朝」の岩瀬牧場が観光牧場として開場	

西暦	和暦	世界、日本の出来事	福島県の出来事	「人生いろいろ」の人々の出来事
1988	昭和63	リクルート疑惑	田部井淳子マッキンリー登頂成功、女性で世界初の五大陸最高峰征服	紺野雅子さん（49歳）東和町農協婦人部長に
1989	昭和64 平成元	ベルリンの壁崩壊	「福島銀行」「大東銀行」が発足	
1990	平成2	統一ドイツ誕生	いわき市長選で岩城光英が40歳で当選、東北最年少の市長となる	小湊保さん（59歳）石川町農業委員に就任 林久美子さん（54歳）くも膜下出血で入院
1991	平成3	湾岸戦争勃発、ソ連崩壊	県民栄誉賞創設、登山家・田部井淳子受賞	芳賀サトさん（65歳）材木店退職
1992	平成4	ハロウィン留学生射殺事件	第2土曜日を休みにする「学校週5日制」が県内のほとんどの幼・小・中・高校でスタート	林久美子さん（56歳）双葉郡婦人団体会長・福島県婦人団体理事になる
1993	平成5	皇太子さま、雅子さんご成婚	福島空港開港	紺野雅子さん（54歳）介護ヘルパー開始
1994	平成6	松本サリン事件	古殿町が石川郡に編入	
1995	平成7	阪神淡路大震災	「エフエム福島」開局	若杉儀子さん（51歳）教職を退職。彫刻活動へ 小湊保さん（64歳）財産区管理委員として福島県から表彰される

西暦	和暦	世界、日本の出来事	福島県の出来事	「人生いろいろ」の人々の出来事
1996	平成8	ペルー日本大使公邸人質事件	渡部恒三、衆議院副議長に	若杉儀子さん（52歳）「彫刻展ｆｏｒＹｏｕ」開催
1997	平成9	消費税５％引き上げ	Ｊヴィレッジオープン	
1998	平成10	長野冬季オリンピック	県産業交流館「ビックパレット」完成	
1999	平成11	東海村臨界事故、ＮＴＴ分割	東海村事故を受け、県は原子力災害対策計画の見直し作業に着手	大槻明生さん（65歳）原町市調査協力員として市立博物館で古文書の撮影開始
2000	平成12	介護保険制度スタート	アクアマリン・ふくしまオープン	若杉儀子さん（56歳）福島県総合美術展準大賞受賞 大内紀男さん（60歳）定年退職し、郡山市湖南町に戻る
2001	平成13	米国同時多発テロ事件	うつくしま未来博開催	小湊保さん（70歳）大工を引退 林久美子さん（64歳）社会福祉法人友愛会理事長になる
2002	平成14	サッカーＷ杯日韓開催	矢祭町が住基ネットに不参加	飯田教郎さん（61歳）損害保険会社退職。いわき市に戻る
2003	平成15	米英軍がイラク攻撃開始	東電の原子炉17基がすべて停止	若杉儀子さん（59歳）春日八郎像を制作 紺野雅子さん（66歳）語り部をはじめる
2004	平成16	新潟中越地震	野口英世の新千円札発行	

西暦	和暦	世界、日本の出来事	福島県の出来事	「人生いろいろ」の人々の出来事
2005	平成17	愛・地球博開催	平成の大合併で新市町相次ぎ誕生	芳賀サトさん（79歳）夫を看取る
2006	平成18	第1回WBCで日本が優勝	佐藤栄佐久前知事逮捕	古川利意さん（82歳）福島県文化振興基金顕彰
2007	平成19	郵政民営化	尾瀬国立公園が誕生	若杉儀子さん（63歳）旧会津坂下町立八幡小学校坂本分校に「里山のアトリエ坂本分校」を設立 大内紀男さん（66歳）「ぐるっと湖南・伝承会」設立と共に会長になる
2008	平成20	秋葉原通り魔事件	ガソリン小売価格乱高下	古川利意さん（84歳）福島県文化財保護功労者表彰
2009	平成21	民主党鳩山内閣発足	新型インフルエンザ猛威	斉藤キヨ子さん（79歳）夫を看取る
2010	平成22	はやぶさが地球に帰還	本県初のプルサーマル始動	鈴木義一さん（64歳）新嘗祭献穀米を献上・福島県農業賞（経営部門）受賞 飯田教郎さん（69歳）いわきマネー教育サポーターズを設立／日本FP協会福島支部幹事になる 大内紀男さん（69歳）「郡山ふるさと田舎体験協議会」が発足し、副会長になる

西暦	和暦	世界、日本の出来事	福島県の出来事	「人生いろいろ」の人々の出来事
2011	平成23	東日本大震災、福島原発事故	東日本大震災、福島原発事故	若杉儀子さん（67歳）「里山のアトリエ坂本分校」として東日本大震災の支援活動に取り組む 大内紀男さん（71歳）が会長を務める「ぐるっと湖南・伝承会」が郡山市ハーモニー賞を受賞 紺野雅子さん（73歳）民話集「とうわものがたり」発刊／CD「とうわむかしばなし」作成 林久美子さん（76歳）東日本大震災による原発災害のため避難生活に入る 大槻明生さん（77歳）震災後の南相馬市の写真展を開催 斉藤キヨ子さん（80歳）震災による津波発生から九死に一生を得る。その後「浜風商店街」に出店
2012	平成24	東京スカイツリー開業	米全袋検査実施	古川利意さん（88歳）文部科学大臣より「地域文化功労賞」受賞
2013	平成25	2020年の東京五輪開催が決定	「なみえ焼きそば」B-1グランプリで優勝	紺野雅子さん（75歳）姑を100歳で看取る 小湊保さん（82歳）社会福祉法人石川町社会福祉協議会評議員に就任 古川利意さん（80歳）瑞宝双光章（文化財保護他）受賞

西暦	和暦	世界、日本の出来事	福島県の出来事	「人生いろいろ」の人々の出来事
2014	平成26	御嶽山噴火、消費税8%	震災後、初の知事選で内堀知事誕生	AKB84結成される 飯田教郎さん（74歳）「SG（スタディグループ）FPいわき」の代表になる 大内紀男さん（74歳）が郡山市青少年健全育成推進協議会会長賞受賞 小湊保さん（82歳）いきいき長寿県民賞受賞
2015	平成27	大村さんと梶田さんがノーベル賞	常磐道全線開通	若杉儀子さん（71歳）里山のアトリエ坂本分校、大沢集落「めぇ山」の雷神様再興に取り組む 紺野雅子さん（77歳）語り部500回。方言・ことわざ集「ふるさとの言葉」発刊

ふくしま人生散歩
人生いろいろ

発　行／二〇一七年七月二十八日
編　者／武　田　悦　江
発行者／阿　部　隆　一
発行所／歴史春秋出版株式会社
〒九六五—〇八四二
福島県会津若松市門田町中野
☎〇二四二（二六）六五六七
印　刷／北日本印刷株式会社